십 대를 위한

영화 속
세계 시민 교육

이야기

십 대를 위한 영화 속
세계 시민 교육 이야기

초판 1쇄 발행 2023년 2월 25일
초판 7쇄 발행 2024년 8월 12일

지은이 함보름, 김태연, 고은영, 박성아, 전화전, 김슬기
펴낸이 이지은 **펴낸곳** 팜파스
기획편집 박선희
디자인 조성미 **마케팅** 김서희, 김민경
인쇄 케이피알커뮤니케이션

출판등록 2002년 12월 30일 제 10-2536호
주소 서울특별시 마포구 어울마당로5길 18 팜파스빌딩 2층
대표전화 02-335-3681 **팩스** 02-335-3743
홈페이지 www.pampasbook.com | blog.naver.com/pampasbook
이메일 pampasbook@naver.com

값 16,000원
ISBN 979-11-7026-558-0 (43300)

흥미진진한 영화로 살펴보는

빈곤, 기후 위기, 미디어, 인권, 난민, 사회적 책임

십 대를 위한

영화 속
세계 시민 교육

이야기

함보름, 김태연, 고은영, 박성아,
전화전, 김슬기 지음

팜파스

프롤로그

여러분은
세계 시민
인가요?

　지구촌이라는 말을 들어 본 적이 있나요? 마을 공동체, 지역 공동체와 마찬가지로 지구를 하나의 공동체로 바라보는 단어입니다. 이 지구촌에 살아가는 우리는 바로 세계 시민입니다. 단어 뜻만 보면 질문에 대한 대답이 너무나 간단할 것 같아요. 당연히 우리는 세계 시민입니다. 인터넷과 빠른 무역, 경제, 문화까지 모두 공유하는 현대 사회에서 우리는 어떤 점을 생각해야 좀 더 나은 세계 시민으로 성장할 수 있을까요? 그에 대한 답을 찾기 전에 두 가지 질문을 드리고 싶어요.

　먼저, 여러분은 어떤 어른이 되고 싶으세요? 우리가 살아가는 세상에 좋은 어른은 어떤 모습일까요? 저는 좋은 어른의 모습은 후대를 생각하여 행동하는 어른이라고 생각해요. 내가 무심코 쓰는 플라스틱과 비닐봉지가 모여 산처럼 쌓인 쓰레기 더미가 되듯, 작은 행동들이 모여 미칠 큰 결과를 예상해 보려 애씁니다. 그동안 우리가 한 삶과 관련된 수많은 선택들이 여러분이 살아갈 세상을 만들었습니다. 개인의 문제, 나의 탓이 아닐 수도 있어요. 모두의 선택들이 모여서 만들어진 세상입니다. 그렇다면 우리가 꿈꾸는 세상을 위해 우리의 선택을 현명하게 바꿀 수 있지 않을까요?

두 번째로는, 여러분이 꿈꾸는 세상은 어떤 모습인가요? 이 질문을 던지면 많은 이들이 평화로운 세상, 자유롭고 원하는 것을 마음껏 펼칠 수 있는 세상, 모두가 잘사는 세상, 평등한 세상, 행복한 세상이라고 답합니다. 저 역시 우리가 사는 이 세상이 평화와 자유와 번영과 평등이 모두 구현되어 모든 이들이 행복을 누리는 곳이기를 간절히 바랍니다. 하지만 우리가 사는 이 세상은 여전히 해결해야 할 문제들이 있습니다. 이를테면 전쟁, 빈곤, 기후 위기, 불평등, 차별, 혐오 등이죠. 우리가 꿈꾸는 세상과 지금 세상의 모습 사이에는 분명 간격이 존재합니다. 이 간격을 메워 변화를 위한 첫걸음을 내딛기 위해 우리가 가져야 할 자세는 바로 나부터입니다.

내가 세상을 어떤 관점과 태도로 바라보는지 생각해 보고, 나와 내 주변 외에도 세상일에 관심을 갖는 것이 필요합니다. 그리고 세상의 문제를 발견하면 이 문제를 해결하는 방법은 무엇일지 고민해 보고, 실제 나의 삶에서 변화를 위한 행동을 실천하는 것이 필요합니다. 세계 시민 의식이란 바로 이런 것입니다.

이 책은 영화를 통해 세상의 문제를 보다 쉽게 이해할 수 있습니

다. 빈곤, 인권, 기후, 교육과 미디어, 난민, ESG를 주제로 각각 4편
의 영화를 보며 주제에 대한 이야기를 들려 드릴게요. 영화에 숨겨진
메시지를 찾아 스스로 문제를 정의하고, 토론의 장을 통해 비판적 성
찰을 하면서 생각의 크기를 넓히는 기회가 될 것입니다. 여러분이 세
계라는 커다란 울타리에서 변화를 만들어 가는 멋진 세계 시민으로
성장하기를 바랍니다.

차례

돈을 잘 버는
기업이 늘어나는데

세계는 왜 점점
가난한 사람이 많아질까?

📢 **PART 01**

PART 02

PART 03

PART 04

PART 05

사회적 책임을
아는

기업이
살아남는다

PART 06

PART 01

돈을
잘 버는 기업이
늘어나는데

세계는 왜
점점 가난한 사람이
많아질까?

'빈곤'은 현대 시대에 우리가 마주한 이슈 가운데 '환경'과 더불어 가장 큰 이슈입니다. 주거나 교육 같은 생활 속 다양한 장면에서 누구나 직접 느낄 수 있는 문제이기 때문입니다. 영화에서도 '빈곤' 문제를 종종 다룹니다. 이러한 영화를 볼 때 우리는 다양한 감정을 느끼게 됩니다.

빈곤을 다룬 영화를 볼 때 혹은 삶 속에서 빈곤 문제를 마주할 때 '나는 저 사람들보다 나아서 다행이다.'란 생각을 하거나 '참 딱하고 불쌍하다.'란 생각을 한 적이 있나요? 만일 그렇다면 한 가지 경계해야 할 것이 있습니다. 바로 '선민 의식'입니다.

'선민 의식'이란 종교에서 비롯된 말입니다. 쉽게 말하면 내가 다른 사람보다 우월하다는 생각으로 상대방을 낮게 바라본다는 의미지요. 세계 시민이라면 경계해야 할 태도입니다. 왜냐하면 지금의 빈곤 문제는 개인의 잘못으로 치부하기 힘든 부분이 더 크기 때문이지요.

이 장에 소개할 영화는 여러분이 빈곤에 대해 섣불리 판단하지 않고, 더 깊게 생각하도록 이끌어 줍니다. 훌륭한 감독들은 다양한 방식으로 우리가 그들과 연대하게 만듭니다. 이제 네 편의 영화와 함께 장기적인 관점에서 더불어 살아가기 위한 방법을 묻고자 합니다. 질문에 대한 답을 각자 찾아봅시다. 그 시간이 세계 시민 사회로 나아가는 뜻깊은 과정이 될 것입니다.

잘사는 사람은 왜 더 잘살고,
가난한 사람은 왜 더 가난할까?

< 기생충 >

2019년 세상을 시끌벅적하게 만든 영화 〈기생충〉이 개봉했습니다. 이 영화는 전 세계적으로 작품성을 인정받으며 칸 영화제에서 황금종려상을, 미국 아카데미 시상식에서는 감독상, 국제영화상, 각본상은 물론 최고의 영예인 작품상까지 수상했습니다. 영화가 전 세계적으로 인기를 끈 이유는 불평등이라는 영화의 주제가 한국만이 아니라, 전 세계를 관통하고 있기 때문일 것입니다.

빈곤 문제를 이야기할 때 경제 체제인 '자본주의'와 떨어뜨려 놓고 이야기할 수 없습니다. 자본주의란 사유 재산을 인정하며 이윤을 얻기 위해 상품을 만들고 소비하는 경제 체제를 말합니다. 쉽게 말하면 자본은 곧 돈입니다. 돈을 버는 것을 목표로 하는 사회와 경제 체제인 셈이지요. 자본주의 사회에서 사람들은 각각 돈을 벌어 재산을 쌓는 것을 추구합니다.

우리나라 역시 자본주의 경제 체제에서 발전했습니다. 자본주의의 장점은 시장의 수요에 맞춰 움직이기 때문에 이익을 많이 얻는다는 것입니다. 그로 인해 나라와 사회, 개인들은 물질적으로 훨씬 풍요로워졌지요. 하지만 자본주의 체제에도 부정적인 측면이 있습니다. 그건 바로 자본주의를 토대로 발전한 국가들이 앓고 있는 문제이기도 하지요.

자본주의는 18세기 영국의 산업혁명 이후에 탄생했습니다. 초기 자본주의는 불평등을 없앨 대안으로 시작되었습니다. 자본주의 사회에서는 자유로운 경제 활동을 허용하여 누구나 마음만 먹으면 돈을 벌 수 있게 했습니다. 산업혁명 이후 안정된 삶을 찾는 데 있어 초기 자본주의가 많은 사람들을 가난에서 벗어나게 했다는 점은 부인할 수 없는 사실입니다.

그러나 자본주의가 지속되면서 자본은 부자들에게만 대물림되기 쉬워졌어요. 평범한 사람들은 이제 더 이상 같은 출발선에서 경쟁한다고 볼 수 없게 되었어요. 즉, 빈부 격차가 더 심해졌지요. 게다가 자본주의 사회에서는 최대의 이익만을 추구하다 보니 그 과정이 옳지 못하거나 이기적으로 흘러가는 부작용도 발생하게 됩니다.

영화 〈기생충〉은 이런 자본주의의 한계와 문제점을 꼬집어 그려냅니다. 그리고 지금 전 세계는 자본주의가 지닌 한계점을 여실히 느끼고 있습니다. 아마도 전 세계의 관객들이 영화 〈기생충〉에 열광했던 이유도 모두가 느끼는 자본주의의 한계 때문이지 않을까요?

이 영화에는 두 가족이 등장합니다. 기우네부터 볼까요? 전 국가
대표였던 엄마와 한때 인기를 몰다 한순간에 몰락한 '대만 카스테라'
가게 주인이었던 아버지 기택, 4수생 기우와 똘똘한 동생 기정으로
구성된 4인 가족입니다. 반지하에 사는 기우네 가족들은 피자 박스를
접으며 근근이 생계를 유지합니다.

기우가 명문대생 친구의 추천으로 영어 과외를 하러 간 박사장네
를 살펴볼까요? 기우네와는 정반대입니다. 박사장과 아내 연교, 첫
째 딸 다혜, 그리고 부부의 사랑을 듬뿍 받는 막내 다송이까지. 박사
장의 가족은 가사 도우미와 운전기사까지 거느리며 살아가는 상류층
4인 가족입니다.

기우는 다혜의 과외 선생으로 일하며 박사장 집의 사정을 단번에
파악합니다. 그리고 자신의 가족을 고용인으로 차례차례 위장 취업
을 시키지요. 박사장은 이런 상황을 모르지만 새로 들어온 고용인들
을 무척 마음에 들어 합니다. 두 가족은 그렇게 별 문제 없이 즐거운
나날을 보냅니다. 기우네 가족의 모략으로 일자리를 잃게 된 가사 도
우미 문광이 놓고 간 게 있다며 비 오는 밤에 찾아오기 전까지는요.
그리고 이날부터 기우네 가족과 박사장네 가족은 어마어마한 변화를
겪지요.

영화에는 계단이 종종 등장합니다. 문광이 남편을 찾으러 내려간
창고에도 지하로 연결되는 계단이 있지요. 그곳은 집주인 박사장 부

부도 모르는 아주 깊은 벙커입니다. 폭우가 쏟아지던 밤에 우산 없이 비를 맞으며 집으로 가는 기우, 기정, 기택도 끝없이 아래로 이어지는 계단을 내려갑니다. 물이 범람하는 아랫동네에 사는 기우 가족, 그리고 비가 와도 아무 문제가 없는 윗동네에 사는 박사장 가족을 보면 계단은 마치 그들의 삶을 가르는 계급처럼 보입니다. 계급을 나누는 것은 무엇일까요? 여러 가지 보이지 않는 기준이 있겠지만 자본주의에서는 대체로 '돈'이라고 할 수 있습니다.

폭우가 쏟아져 물에 잠긴 아랫동네에 사는 사람들은 이재민이 됩니다. 하지만 같은 날 박사장의 아내 연교는 비가 오고 나니 날이 깨끗해져 생일 파티를 하기에 딱 좋은 날씨라고 말합니다. 똑같은 폭우여도 부유한 사람들에게는 그저 짓궂은 날씨지만 가난한 사람에게는 자연재해가 되어 감당할 수 없는 피해를 입게 되지요.

이처럼 영화 〈기생충〉은 길고 긴 계단을 보여 주며 자본주의 계급 간에 벌어지는 어마어마한 차이와 갈등, 그리고 아무리 계단을 오르려 애써도 결국은 아래에 머무를 수밖에 없는 빈곤층의 삶을 그려 냅니다. 기우의 아빠 기택은 열심히 살지만 잘 풀리지 않는, 사실 아주 흔한 가장의 모습을 보여 줍니다. 기우는 수능을 네 번이나 봤지만 낙방하고 말지요. 하지만 현 시대에서는 명문대만이 성공의 지표임을 설명하듯 기우는 계속해서 수능을 봅니다. 동생 기정은 미대에 지원했지만 비싼 학비로 진학을 포기했지요.

기우네 가족은 피자 박스를 접으며 생계를 유지하지만, 아마도 이전에 수많은 일을 하며 살아왔을 것입니다. 안정적인 일이 아닌 아르바이트로 벌 수 있는 돈은 한계가 있습니다. 비가 많이 오면 물이 차오르는 반지하 집에서 벗어나기 위해서는 훨씬 더 많은 돈을 모아야 하지요.

하지만 이들 앞에 놓인 선택지에서는 그런 길이 보이지 않습니다. 결국 기우네 가족이 택한 방법은 법의 테두리에서 벗어난 것이었습니다. 공문서를 위조해 박사장 집에 위장 취업을 하는 것이지요. 명문대생으로 속이고 박사장의 딸 다혜의 과외 선생님이 된 기우는 동생 기정을 다송이의 미술 선생님으로 소개하고, 기정은 아빠인 기택을 운전기사로, 기택은 아내를 가사 도우미로 소개해 이 집에 취업시킵니다. 박사장네 집에 하나씩 들어와 일하면서 그들은 비참한 현실을 조금이나마 잊게 되지요.

기우네 가족의 선택은 비난받을 만합니다. 불법을 저질렀고 멀쩡히 일하는 가사 도우미 문광과 운전기사를 모함해 그 자리를 **빼앗았**기 때문이지요. 그럼에도 불구하고 이들의 이야기가 큰 공감을 받는 이유는 무엇일까요?

빈익빈 부익부, 한국의 영화가 세계에서 공감받을 수 있었던 까닭

영화 〈기생충〉이 전 세계에서 공감받은 까닭은 두 가족을 대비해 보여 주는 '불평등'이라는 구조가 지금 자본주의 국가들이 겪고 있는 문제이기 때문입니다.

경제학자 브랑코 밀라노비치(Branko Milanovic)는 2015년 다음과 같은 그래프를 제시합니다. 모양이 흡사 코끼리를 닮았다고 해서 '코끼리 곡선'이라고도 불리는데요. 그는 세계은행에서 수석 경제학자로 일하며 불평등이라는 주제에 대해 오래도록 관찰하며 그래프를 완성했다고 합니다. 그래프에서 알 수 있듯이, 실제로 세계에서 가장 부유한 1%의 사람들은 성장 증가율이 급격하게 늘어납니다. 소득 불평등은 더 이상 한국의 문제만이 아니라 전 세계적인 문제라는 걸 알 수 있습니다.

왜 이렇게 부자들은 돈을 더 많이, 빠르게 버는 걸까요? 자본주의를 토대로 한 선진국은 19세기 이후에 산업혁명, 과학혁명, 기술혁명 등의 주축이 되어 엄청난 경제적 풍요를 이루었습니다. 전 세계의 인재를 끌어모아 과학 기술을 최고로 발전시켰지요. 오늘날 우리가 누

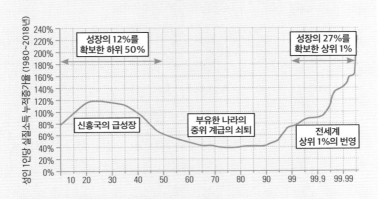

세계의 불평등을 나타내는 코끼리 곡선(1980~2016년)

성인 1인당 실질소득 누적증가율 (1980~2018년)

> 성장의 12%를 확보한 하위 50%

> 성장의 27%를 확보한 상위 1%

> 신흥국의 급성장

> 부유한 나라의 중위 계급의 쇠퇴

> 전세계 상위 1%의 번영

⭐ **전 세계 성인 소득 분배 백분위**
전 세계 소득 하위 50%는 1980~2018년에 구매력이 상당히 증가했고(60~120%), 소득 상위 1%는 그보다 훨씬 크게 증가(80~240%)했다. 반면 소득 중위는 그보다는 덜 증가했다. 다시 말해 세계 소득 분배의 하위와 중위 사이에서는 불평등이 줄었다면, 중위와 상위 사이에서는 늘어났다.

출처 및 원 통계자료: piketty.pse.ens.fr/ideologie

리는 편리함은 선진국의 과학 기술에서 비롯되었습니다. 하지만 안타깝게도 이렇게 눈부신 기술의 발전으로 벌어들인 돈은 이 기술을 소유하고 또 투자할 돈을 가진 소수의 부자에게 돌아갑니다. 그들은 벌어들인 돈으로 더 큰 이익을 불러올 기술을 만들고 투자를 할 수 있겠지요. 그러면서 점점 사회에서 권력과 힘을 쟁취하게 됩니다.

혹시 '양극화'라는 말을 들어 보았나요? 사전에서 양극화는 사회 불평등이 심화되는 '빈익빈 부익부' 현상이라고 설명합니다. 가난한 사람은 더 가난해지고 부자는 더 부자가 되면서 양쪽이 극단적으로 서로 멀어지는 현상을 말하지요. 이 말은 다른 말과 자주 붙어서 나옵니다. 교육 양극화, 소득 양극화처럼 말이에요.

교육 양극화는 교육을 잘 받는 사람은 온갖 교육을 받고, 교육을 못 받는 사람은 더더욱 받지 못하는 상황을 이야기합니다. 같은 사회 안에서 말이에요. 소득 양극화도 부자는 돈을 더 벌기 쉬워지고, 빈자는 더욱 벌기 어려워지는 현상을 말합니다. 이렇게 양극화가 심해지면 양극이 서로를 이해하지 못하고, 혐오하고 갈등하게 되지요.

이 양극화가 시간이 갈수록 심해지고 있어요. 부익부 빈익빈이 심해지는 현상은 자본주의 나라가 가진 고질적인 문제예요. 이웃이나 사람보다 돈의 가치를 가장 중요하게 여기면서 생긴 병폐이지요. 기생충을 관람한 수많은 관객들은 대부분 이런 양극화 사회를 살아가는 사람들입니다. 그리고 상위 10%에 속하는 부자가 아니라 90%에 속하는 소시민입니다. 그렇기에 이 영화가 많은 공감을 받을 수 있었던 거죠.

아무리 감추려 애써도
감춰지지 않는 빈곤의 냄새

기우네 가족이 피자 박스를 접으며 근근이 삶을 이어 가고 반지하에 사는 게 그들이 '노력'을 하지 않아서일까요? '가난한 사람이 왜 가난한지'를 물으면 대부분의 사람들은 "게으르기 때문에" 혹은 "열심히 살지 않았기 때문에"라고 이야기합니다. 그런데 기택의 가족을 보면 뭐든 능숙하게 해내고 잘합니다. 마치 이전에 열심히 활동했던 시간들이 그들의 몸에 배어 있는 것 같지요. 이들이 게으르거나 열심히 살지 않는 것처럼 보이지는 않습니다. 아마도 기우네 가족은 애를 썼지만 코끼리 곡선이 보여 준 불평등의 구조에서 점점 아래로 내려가게 되었을 거라고 예상됩니다. 계급의 구조상 한번 내려가면 다시 올라오기 힘들기에 이들의 노력은 빛을 발할 수 없게 됩니다.

이 계급의 차이는 갈수록 견고해집니다. 아예 사는 세상이 다르게 느껴질 만큼이요. 영화 〈기생충〉에서 빈곤을 상징하는 것은 바로 '냄새'입니다. 어린 다송이는 기우네 가족에게서 똑같은 냄새가 난다고 합니다. 다송이는 그들이 가족인 줄은 전혀 모르니 그것은 그들이 사는 세상에서 배어나는 냄새일 것입니다. 기정은 그것이 반지하의 냄새라고 말하고, 박사장 부부는 기우네 가족의 냄새를 불쾌해합니다. 이 영화를 보는 소시민들은 이 냄새를 묘사하는 장면에서 찜찜해질 수도 있습니다. 혹시 나에게도 기우네 가족과 비슷한 냄새가 나지 않을까 의심하면서 말입니다.

박사장에게 잘 보이려고 애쓰는 아버지 기택이 박사장에게 반감이 생기는 이유도 바로 '냄새' 때문이었습니다. 지우고 싶어도 지울 수 없던 냄새, 기택은 맡고 싶어도 이미 익숙해져서 알 수 없던 그 냄새를 박사장 부부가 무척 싫어하고, 혐오하니까요. 냄새가 마치 자신이 된 기분을 느낀 게 아닐까요.

반지하에서 계단을 밟아
땅 위로 올라오려면

　기생충에서 나온 '반지하'는 다른 나라 어디에서도 찾아보기 힘든 한국만의 특이한 주거 형태입니다. 봉준호 감독이 아카데미 상을 받으면서 BBC는 이 특이한 주거에 대해 보도했습니다. 수천 명이 산다고 표현했지만, 반지하에 사는 사람은 지금도 수십만 명에 이릅니다.

　한때 서울 거주 가구 10곳 중 1곳이 반지하였다고 해요. 특히 반지하 대부분은 수도권에 있습니다. 반지하는 1970년도에 긴급하게 대피할 때 방공호처럼 마련해 둔 공간으로 서울과 수도권에 집중적으로 생겼습니다. 처음에는 창고로 쓰였다가 서울과 수도권에 인구가 밀집되자 이 공간은 주거 지역으로 변질됩니다. '2015 인구주택 총조사'에 따르면 반지하(지하 포함) 가구는 36만 4000가구에 이르고 이 중 95.9%가 수도권(서울 62.6%)에 있을 정도입니다.

　영화에서처럼 침수, 누수, 결로 등 사고가 잦았고, 반지하에서 생활하는 것이 건강에 좋지 않아서 현재는 법으로 반지하를 만드는 것을 규제하고 있습니다. 비교적 최근인 2022년 여름에 일어난 서울의 수해로 반지하에 사는 거주자들이 재조명되기도 했습니다. 이렇듯, 영화에서 '냄새'로 표현되는 반지하에 사는 사람들과 빈곤의 관계는 떼어 놓고 생각할 수 없습니다. 반지하에서 산다는 것은 그만큼 좋은 집에 살 여건이 안 된다는 것을 의미합니다. 더 좋은 집으로 가려면 그만큼 많은 돈이 들기 때문이지요. 반지하에 사는 사람들은 항상 곰

팡이와 꿉꿉함에 시달리며 비가 많이 오면 침수가 될까 두려워합니다. 그들이 계단을 올라오게 하기 위해서 우리가 할 수 있는 것은 무엇일까요?

자본주의의 극명한 문제점이 드러나는 지금, 세계 시민이라면 자본주의 시스템 속에서 어떻게 현명하게 살아갈지를 반드시 고민해야 합니다. 고질적이고 반드시 해결해야 할 '빈곤'이라는 문제를 지혜롭게 마주하는 여러분이 되었으면 좋겠습니다.

함께 토론해 보아요!

1. 영화 속 기우의 엄마는 박사장네 가족들은 "돈이 많아서 착하다."라고 이야기합니다. 이 말에 동의하시나요? 그렇다면 이유는 무엇인가요?

2. '부익부, 빈익빈'이라는 자본주의가 가진 한계점을 타개하기 위해 보완할 수 있는 대책은 무엇이 있을까요?

가난하다고 해서
자식을 팔 수 있나요?

< 가버나움 >

　제71회 칸 영화제 심사위원상을 수상한 나딘 라바키 감독의 〈가버나움〉은 한 어린 소년의 모습으로 시작합니다. 아이는 자신의 생일도, 나이도 모릅니다. 범죄 혐의로 법정에 선 열두 살 자인은 자신의 죄를 인정하면서 누군가를 고소합니다. 놀랍게도 아이가 고소하는 대상은 바로 부모입니다. 자인의 부모는 자인의 출생 신고조차 하지 않았습니다. 자인이 부모를 고소한 죄목은 '나를 태어나게 한 죄'입니다. 영화의 강렬한 오프닝은 플래쉬백 형태로 자인의 과거로 돌아가며 시작됩니다.

　도대체 몇 명인지 다 세기도 힘든 형제와 부대끼며 지내는 자인의 작은 집은 마치 전쟁터 같습니다. 작은 방 안에서 테트리스 블록처럼 모여 지내며 하루도 마음 편히 잘 수 없던 자인과 형제들. 그중 자인은 첫째라는 이유로 일찍부터 일을 시작해 가냘프고 깡마른 몸으로

무거운 짐을 나르지요.

어느 날 아침 자인은 동생 사하르가 초경을 시작했다는 걸 알게 됩니다. 열두 살밖에 안 된 아이인 자인은 알고 있습니다. 여동생이 초경을 시작했다는 건 곧 여동생의 결혼이 가능하다는 뜻이라는 것을요. 그래서인지 자인은 동생을 눈독 들이는 작은 구멍가게 사장에게 동생 사하르를 빼앗길까 봐 노심초사합니다.

우려는 현실이 됩니다. 자인의 부모는 사하르를 결혼시키려 하고, 이 사실에 공분한 자인과 크게 다투지요.

다른 나라에 있는 우리는 자인의 가족을 보며 도통 이해가 안 되는 부분이 많이 있을 수밖에 없습니다.

첫째, 자인의 부모는 왜 저런 열악한 환경에서도 저렇게 애를 많이 낳을까?

둘째, 자인의 부모는 왜 어린 사하르를 강제로 결혼시키려 할까?

셋째, 열한 살밖에 안 되는 아이가 결혼하는 것, 열두 살밖에 안 된 아이가 노동을 하는 것은 법적으로 옳은 일인가?

여기에 대한 대답은 다음과 같습니다. 첫째, 자인의 부모는 임신을 중단할 권리가 없습니다. 영화에 나오는 것처럼 그들이 믿는 신 때문인데요. 임신을 중단하는 것은 그들이 믿는 교리에 어긋나는 행위이기 때문입니다. 그렇다면 임신하지 않도록 조심해야 한다는 의견이 있을 수 있어요. 일반적으로 임신에 대한 교육도 '성교육'을 통해 이루어집니다. 하지만 빈곤 문제가 심각한 환경일수록 교육을 받기 어려우며 성교육 또한 이루어지지 않지요.

둘째, 자인의 부모는 왜 어린 딸을 강제로 결혼시키는 걸까요? 여러분도 눈치챘을지 모르지만 딸아이를 보내기 전 부모가 마냥 기뻐하지는 않습니다. 사하르와 결혼하고 싶다고 찾아온 사람과 이야기하고 고민하는 모습이 나옵니다. 자인의 부모가 그런 선택을 하는 건 부모의 힘으로는 아이를 제대로 키울 수 없다고 생각했기 때문이죠. 그래서 부모는 추후 법원에서 딸을 조금 더 나은 환경에서 살게 하기 위해 결혼을 시켰다고 변론합니다.

셋째, 청소년의 결혼과 청소년의 노동이 가능한가요? 영화 〈가버나움〉의 배경은 레바논입니다. 레바논에서 조혼은 법적으로 문제가 되지 않습니다. 실제 레바논에서는 부모의 허락이 있으면 아홉 살부터 결혼이 가능하다고 합니다. 이 점은 법정에 함께 선 사하르의 남편의 이야기에서도 알 수 있습니다.

게다가 자인은 출생 신고조차 못한 난민 가족입니다. 자인의 부모가 딸아이를 결혼으로 팔아넘기고, 고용주가 자인의 노동력을 값싸게 착취하는 이유 역시 자인이 난민이기 때문에 가능했습니다. 자인의 부모는 돈을 벌 기회가 없다며 아들의 노동을 당연하게 여깁니다. 그들이 할 수 있는 것이라곤 아이를 낳고 다른 사람에게 노동력을 제공하는 것뿐이었습니다. 고소를 당한 자인의 아버지는 이렇게 변명합니다. "나 역시 어릴 때부터 그렇게 컸다."라고요.

영화는 이 가족을 통해 빈곤이 어떻게 대물림되는지를 보여 줍니다. 어떤 선택지도 없었지만, 자인은 도덕과 존엄만큼은 잃지 않았습니다. 그렇지만 고작 열두 살 된 아이가 선택할 수 있는 현실은 냉혹했습니다. 죄 없이 태어나 나이 많은 남자에게 결혼으로 팔려 가는 동생을 구해 줄 수 없는 자인은 이 땅에 태어나게 만든 '부모'를 고소하며 우리에게 묻습니다. 가난의 대물림과 빈곤이 과연 개인의 문제인지를 말이지요.

세계에서 10억 명 가량은 평범한 사람들처럼 자기만의 일상을 보내며 사는 삶이 아닌 그저 하루하루 연명하는 삶을 살고 있습니다.

기아, 목마름, 전염병, 전쟁의 홍수 속에서 간신히 하루를 버텨 살아 내는 것이지요. 원인은 각각 다르지만 빈곤이 진행되는 양상을 보면 비슷합니다. 그들에게 가장 중요한 것은 '생존'이며 빈곤의 대물림은 끊어지지 않습니다.

아이를 낳지 않으면 가난의 대물림을 끊을 수 있지 않냐고 묻는다 면? 사실 그 말에 동의하지 않을 수는 없습니다. 하지만 자인의 부 모는 임신과 출산을 스스로 멈출 수 없는 사회 문화와 종교를 가지고 살았습니다. 그리고 이들을 도와줄 어떤 사회적인 시스템도 없는 환 경이었지요. 또한 아이를 낳는 것은 지극히 일상적인 삶을 영위하는 것과 마찬가지인 기본권이라고 볼 수 있습니다.

이렇듯 아주 다양한 요소들이 보이지 않게 작용해서 임신과 출산 을 단지 개인의 선택 영역으로만 볼 수 없게끔 만듭니다. 아이를 낳지 않으면 되지 않냐는 질문은 이 무수한 요소들을 보지 않고, 가난의 대 물림을 모두 개인의 책임으로 돌려 버리는 시선이 될 수도 있습니다.

빈곤을 구제할 시스템이 없다면
어디에도 안전지대는 없다

영화 〈가버나움〉처럼 오갈 곳 없는 시리아 난민이 많은 레바논에 서만 이러한 극단적인 빈곤이 생기는 것이 아닙니다. 현대 시대의 어 느 나라든 자인의 가족과 같이 '사각 지대에 있는 사람을 구제하는 시 스템'이 필요합니다. 이 시스템이 없다면 빈익빈 부익부와 같이 양극화는 더 심해지지요. 그리고 그 피해는 자인과 같은 어린이는 물론이고 모든 이들에게 돌아가게 됩니다.

이러한 시스템이 마련되지 않은 것은 선진국도 예외는 아닙니다. 대표적인 예로 2008년 전 세계 금융 시장을 위기로 몰았던 서브프라임 모기지 사태가 있습니다. 2008년에 일어난 서브 프라임 모기지 사태는 돈만 쫓는 사람들의 욕심으로 빚어졌습니다. 이 사건의 발단은 2000년대 초반으로 거슬러 올라갑니다. IT산업의 붕괴, 9·11 테러, 아프가니스탄과 이라크 전쟁 등으로 미국의 경기는 나빠지기 시작했습니다.

미국은 경기를 다시 끌어올리기 위해 낮은 금리로 대출할 수 있는 정책을 펼칩니다. 싼값에 대출을 받을 수 있자 사람들은 그 대출금으로 집을 사기 시작합니다. 대출 금리가 내려가자 주택을 임대하던 사람들은 아예 대출을 받아 집을 사는 것이 비용 면에서 더 유리하다고 생각했던 것이죠. 이렇게 경제를 활성화시키기 위해 추진했던 '내 집 마련' 정책은 집을 사려는 사람이 많아지면서 과도한 수요로 인해 집값을 전국적으로 오르게 했습니다.

한편 대출을 해주던 은행은 돈을 더 많이 빌려줄수록 더 많은 돈을 벌 수 있다는 생각에 대출받는 사람이 과연 돈을 갚을 능력이 있는지를 제대로 파악하지도 않고 빌려줬습니다. 그야말로 퍼주듯이 대출을 해준 것이지요. 은행은 앞으로 어떤 사태가 일어날지 생각하지 않고 단기적인 이익만 추구한 것입니다.

너도나도 집을 사는 분위기에 소시민들 역시 대출을 받으며 부동산을 사는 것에 열을 올리게 됩니다. 그러한 과정에서 사람들은 집을 사고 더 높은 값에 되파는 투기를 했습니다. 그래도 집을 사려는 사람들이 있었기에 집은 사고팔렸지요. 그럴수록 집값은 거품이 끼었고, 결국 최고치를 찍게 됩니다.

2008년, 모두가 예상하듯 이 거래의 결과는 참혹했습니다. 대출을 갚지 못하는 사람들이 속속 나오면서 웃돈을 얹어 팔던 부동산 시장도 흔들렸습니다. 부동산 시장이 무너지자 마구잡이로 대출해 주던 씨티그룹, 베어 스턴스, 메릴 린치, 리먼 브라더스 등 미국을 대표하는 금융 회사들이 파산을 하거나 막대한 손실을 입었지요. 우리나라로 치면 제1금융권에 속하는 굵직한 은행과 금융 회사가 망한 것입니다. 소시민들 역시 빚더미에 앉게 되었지요.

전 세계 금융의 중심인 월가의 금융 기관이 몰락하는 걸 가만히 둘 수 없던 미국은 이 기업들을 구제하려고 나섰습니다. 2009년 실업자 수는 1,540만 명으로 2년 전인 680만 명에서 3배 가량 늘었습니다. 기업을 살리기 위해 미국 정부는 교육비를 삭감해 금융 기관들을 지원해 줬습니다. 이로써 월가의 여파는 학교로 이어졌는데요. 전국의 교직원이 해고를 통보받고 학교는 폐쇄되었으며, 공립 대학교의 등록금은 평균 25%가 올랐습니다. 경제적 여건상 사립 학교 대신 공립 학교를 택한 학생들은 치솟은 등록금에 배신감을 느꼈습니다.

결국 어른들이 망쳐 놓은 금융 경제에서 피해를 입은 것은 공립 학교에 다니는 청년들이었습니다. 2008년 서브 프라임 모기지 사태 이후 급격하게 어려워진 미국 경제는 청년들을 벼랑 끝으로 내몰았습니다. 정작 그 사태를 일으킨 금융 기업들은 반성은커녕 국가에서 지원받은 돈으로 보너스 파티를 했지요. 분노한 청년들은 2011년 9월, 뉴욕 월스트리트로 달려갑니다. 세계 금융의 중심인 그곳에서 청년들은 며칠간 노숙하며 시위를 해나갔지요.

같은 해 10월 15일을 '국제 행동의 날'로 정한 청년들의 외침은 전 세계로 이어집니다. 우리나라를 포함한 82개 국가의 900개가 넘는 도시의 청년들은 거리로 나와 외쳤습니다. 세상은 불평등하다고요. 정말 그럴까요? 우리가 살고 있는 세상은 얼마나 불평등할까요? 옥스팜이 발표한 자료에 따르면 전 세계 상위 1%에 속하는 부자들이 가진 재산이 나머지 99%의 사람들 재산을 합친 것보다 많아졌다고 합니다. 2015년에 발표된 내용이니까 6년이 지난 지금은 그 격차가 더할 수도 있을 겁니다.

〈가버나움〉에서도 자인을 구제할 시스템이 없었습니다. 그 어떤 지원 시스템 없이 개인이 빈곤을 해결하는 것은 가능할까요? 빈곤은 다 함께 해결해야 할 문제입니다. 실제로 많은 학자들은 빈곤의 유형을 나누어 장기적으로 관찰하며 사회 복지 제도를 제시하는 등 다양한 정책을 연구하고 있습니다.

자본주의 문제를 해결할 수 있는 가장 이상적인 해결 방법은 '복지'라고 입을 모아 이야기합니다. 그리고 복지는 어느 한 집단이 하는 게 아니라 사회 구성원들의 합의가 이루어져야 가능합니다. 우리가 세계 시민으로서 이 문제에 대해 지속적으로 관심을 가져야 하는 이유입니다.

2020년 JTBC에서는 '생계형 범죄'를 저지른 A씨에 대하여 보도한 바 있습니다. A씨는 구운 달걀 18개를 훔쳤고, 검찰이 이에 징역 1년 6개월을 구형해 세상에 알려졌습니다. 처음 구형이 지나치다고 반응했던 여론은 A씨가 '보이스 피싱'에 연루된 사람이라는 기사가 나오면서 완전히 바뀌게 됩니다. 그런데 그가 훔친 물품은 아홉 번에 걸쳐 총 700여 만 원 어치였습니다. 아홉 번의 절도에서 700만 원이라니, 여러분은 A씨가 부자가 되기 위해 절도를 했다고 생각하시나요?

이렇게 여러 번 소액으로 절도한 이유는 생계가 힘들었기 때문이라고 했지요. 그는 무보험 차량에 치여 장애가 생겼고 보상금조차 받지 못한 채 당장 먹고살 걱정에 자신의 통장을 보이스피싱 조직에 넘기기까지 했습니다.

A씨는 갑상선 질환을 앓고 있어 식사도 가려서 해야 했고, 주거가 일정치 않아 기초생활 수급자에서 제외되었다고 합니다. A씨 사례에서 보이는 '생계형 범죄'의 원인을 거슬러 올라가 볼까요? A씨는 게을러서 일을 하지 않은 것이 아닙니다. 아파서 일을 하지 못했습니다. 복지 혜택을 받으며 그것을 누리던 사람도 아닙니다. 영화 〈가버나움〉의 자인이 우리나라에 있다면, A씨처럼 성장하지 않았을까요?

이제 빈곤은 개인의 문제이기보다는 정의의 문제입니다. 국가의 부가 쌓이고 경제 성장을 이룬다고 해서 벌어들인 돈이 모두에게 공평하게 나누어지지 않습니다. 빈곤에서 필요한 것은 돈이 아닌 '관심'

입니다. 빈곤을 구제하는 사회 정책에 대한 논의는 현재 진행 중입니다. 우리가 더 관심을 기울일수록 빈곤 문제를 해결할, 더 적극적인 정책이 나올 것입니다.

함께 토론해 보아요!

1. 세계 시민 관점에서 봤을 때, 자인의 가족이 빈곤으로 어려움을 겪은 이유는 무엇일까요?

2. 자인의 가족을 보면서 내가 할 수 있는 일은 전혀 없어 보여서 답답하기만 합니다. 세계의 빈곤을 막기 위해 내가 할 수 있는 일은 무엇일까요?

사회 복지 제도는 과연
정의로울까?

< 나, 다니엘 블레이크 >

▶

〈나, 다니엘 블레이크〉는 2016년 칸 영화제에서 황금종려상을 수상하며 15분간 기립 박수를 받은 영화입니다. 감독 켄 로치는 약자를 대변하고 부조리한 사회를 고발하는 영화를 자주 만들었습니다. 켄 로치의 강렬한 메시지가 인상적인 영화 〈나, 다니엘 블레이크〉는 '정의'에 대해서 떠올리게 하면서 동시에 인간의 존엄에 대해 생각하게 합니다.

영국은 공공 의료보험제도 NHS(National Health Service)를 잘 구축해 국민의 건강을 위한 복지 제도가 탄탄하다고 알려져 있습니다. 합법적으로 체류하는 외국인을 포함한 모든 사람에게 무상 의료를 제공하여 자국민들 역시 이 제도에 대한 자긍심이 아주 높다고 합니다. 하지만 이 영화를 보면 조금 생각이 달라집니다. 이 현실적인 영화는 영국 역시도 가난한 사람들에게는 가혹한 사회임을 알려 주지요. 켄 로치 감독은 가난을 전시하지 않으면서 동시에 담담하고 현실적인 장면으로 카메라에 담아냈습니다. 그래서일까요? 우리는 국가가 '복지'라는 이름으로 행하는 무자비함을 더 생생하게 보고 느낄 수 있습니다.

나, 다니엘,
실직하면서 한순간에 사회에서 소외되다

다니엘은 건설 현장에서 심장병으로 쓰러지게 됩니다. 그는 병원에서 약 처방을 받고 당분간 심장에 무리가 가는 일은 하지 말라는 권고를 받습니다. 컴퓨터 자판조차 제대로 다루지 못하는 연필 세대인 다니엘은 세상의 트렌드에는 뒤쳐졌을지 몰라도 절대 게으르지 않았습니다. 다니엘은 성실하게 일했고, 자녀는 없지만 혼자 월세를 내며 근근하게 삶을 이어 갈 수 있었습니다.

그런데 다니엘이 일을 쉬게 되면서 수입이 없어집니다. 월세를 내기가 어려워지자 다니엘은 복지 센터를 찾아갑니다. 질병 수당을 신청해야 하는 그에게 복지사는 딱딱하고 기계적인 말투로 질문합니다. 다니엘이 복지사에게 그 질문은 자신의 상황과 관련 없다고 따져 보지만 소용없습니다. 복지사의 질문에 솔직하게 답한 다니엘은 표면적인 기준에 합당하지 않다는 이유로 수당 신청이 거부됩니다. 이에 다니엘은 전화로 재심을 신청하려 하지만, 1시간 40분을 기다려 전화가 연결된 담당자의 말에 망연자실합니다.

"전화 걸지 말고 우편물을 기다리세요."

다니엘은 어렵게 찾아간 고용 관련 센터에서 아이 손을 잡고 온 케이티라는 여성이 실랑이하는 모습을 봅니다. 여성과 아이는 버스를 놓쳐 몇 분 늦었다고 문전박대를 당하고 있었는데요. 심성이 착한 다니엘은 여자와 아이의 처지를 대변하다 함께 쫓겨납니다.

영화에 등장하는 센터 직원들 중 몇몇 빼고는 대부분 상당히 차갑게 이들을 대합니다. 그들은 다니엘이든 케이티든 사람을 대한다기보다는 기계를 대하는 것 같습니다. 어쩌다 그들을 사려 깊게 대하는 직원은 상부에 불려가 '그러지 말라'는 지시를 받습니다.

갖가지 원인으로 다니엘은 결국 질병 수당을 포기합니다. 대신 실업 수당을 받기 위해 절차에 따라 서면이 아닌 온라인으로 복지금을 신청하려 하지요. 하지만 컴퓨터보다 종이와 연필이 편한 그에게 온라인 신청은 쉬운 일이 아닙니다. 젊은 이웃의 도움을 받아 겨우 신청한 실업 수당의 절차도 매우 복잡합니다. 구직 활동을 반드시 증명해야 하지요. 허리가 낫지 않은 상태로 구직 활동을 하다 다니엘은 결국 거짓으로 구직하게 되는데, 이 역시도 몹시 수치스럽습니다.

영화는 부의 계급, 세대, 실업 등 사회의 다양한 면에서 소외된 인물인 다니엘 블레이크가 수당을 신청하는 과정을 그려 내며 사회 제도의 정의에 대해 물음을 던집니다. 누군가를 구제하기 위해 시행하는 정책이 얼마나 실효성이 있는지 질문을 던집니다. 과연 우리 사회에 있는 정책은 어떠한가요?

앞서 살펴본 영화에서 주거, 빈곤에 대해 살펴보며 우리는 '정의'의 문제에 대해서 생각하지 않을 수 없습니다. 우리가 공정하다고 생각하는 세상의 시스템이 오히려 불평등을 재생산하고 있지는 않은지 고민해야 합니다. 선진국인 영국 역시 이 문제를 피해 갈 수 없습니다. 영화는 주인공의 문제를 영국 사회만의 문제로 한정짓지 않고, 신자유주의 체제에 놓인 세계가 겪는 보편적인 문제로 보여 줍니다.

영화 속 배경은 영국의 뉴캐슬이지만, 오늘날 세계 어느 곳이나 해당되는 이야기입니다. 우리나라의 건강보험제도와 비슷하지만 기

본적으로 무료로 활용할 수 있는 영국의 NHS 제도는 여러 나라에서 좋은 롤모델로 소개됩니다. NHS 제도는 국민들이 '부정'하게 수당을 타는 것을 막기 위한 노력을 보입니다. 직원은 다니엘에게 구직하고 있다는 증명을 구체적으로 요구하고, 다니엘은 구직을 위해 면접을 봤다는 사실을 서면으로 알려야 합니다. 국세로 운용되는 수당을 부정하게 타는 걸 막고자 노력하는 것은 나쁜 것이 아닙니다. 문제는 부정을 막으려다 정작 수당을 타야 할 사람들까지 제대로 이용하지 못하게 만들 수 있다는 점입니다.

이런 노력의 기저에는 일할 수 있는 사람의 노동력을 잃지 않겠다

는 완고한 의지와 어떻게 해서든 취업시키려는 의지까지 엿볼 수 있습니다. 이 제도에서 그 사람이 '일할 수 있는 상황인지 아닌지, 복지를 이용하는 절차가 너무 어려운 건 아닌지'는 크게 중요하지 않은 듯합니다. 여기에는 신자유주의 체제의 태도가 담겨 있습니다. 신자유주의 체제는 고용주에게는 사람을 '생산력'으로, 개개인에게는 생산성을 극대화시키기 위한 목표를 가진 존재로만 보게 하는 데 일조했습니다.

하지만 인간은 일하는 기계나 생산력이 아닙니다. 만일 그렇게 본다면 '인간은 그 존재만으로 존엄하다'는 인간만의 가치를 잃어버리게 될 것입니다. 정부가 국민을 위해 만든 복지 시스템조차 사람을 '노동만 하는 기계'로 취급한다면, 우리 사회는 어떤 모습이 될까요? 외국인 근로자를 싼 임금에 채용하고 함부로 대하는 우리 사회의 일면도 인간의 가치를 잃어버린 모습이지 않을까요? '정의'라고 포장된 시스템에서조차 우리는 시스템을 이용하는 사람들의 존엄을 해치고 있지는 않는지 생각해 볼 때입니다.

 ## 신자유주의 시대에서 지켜야 할 인간의 존엄성

신자유주의 체제는 인간을 존엄한 생명이 아닌 일과 생산성을 위한 수단으로 바라보기 쉽습니다. 그러한 모습은 영화 〈나, 다니엘 블레이크〉에 아주 구체적으로 나타납니다. 영화는 다니엘이 질병 수당

심사를 받는 장면으로 시작합니다.

다니엘은 자신의 심장병과 무관한, 형식적인 질문을 해대는 심사관에게 "당신은 전문가가 맞소?"라고 묻습니다. 그러자 심사관은 자신의 소속을 "고용연금부에서 파견한 의료 전문가"라고 말하며, "정부가 고용한 파견업체"라고 밝힙니다. 이 장면에서 영국의 신자유주의 체제를 떠올릴 수 있습니다.

신자유주의란 정부의 역할을 최소로 줄이고 자본가의 자유를 최대한 보장하려는 사상입니다. 쉽게 말해서 국가나 법적인 제도를 최소한으로 만들어서 시장에서 일어나는 다양한 경제 활동을 기업이나 자본가의 자유에 맡기는 것인데요. 사업자나 고용주는 별다른 규제 없이 자신의 이윤만을 최대로 추구하며 마음대로 사업 활동을 할 수 있습니다. 또 이익만 추구하다 보니 노동자의 노동력을 싸게 얻으려고 하기 쉬워집니다. 그로 인해 노동자들은 값진 노동력을 제공하면서 정당한 대가를 받지 못하기도 합니다. 또한, 급변하는 세상 속에서 노동자는 자신에게 오는 기회를 놓치면 돈을 벌기 힘들어집니다.

심사관과 대화를 나누는 이 짧은 장면에서 우리는 영국이 다양한 일자리를 만들겠다는 빌미로 파견 노동자를 허용한다는 것을 알 수 있습니다. 또 뒤이은 과정에서 다니엘이 질병 수당에서는 탈락하지만 구직 수당에는 선정되는 내용이 나옵니다. 이를 보면, 강제적으로 개인에게 구직 활동을 시킴으로써 복지 재정을 최소한으로 쓰려는 정부의 의도를 엿볼 수 있습니다. 노동을 제공할 수 있는 노동자가 쉬고 있다는 것은 그만큼 국민의 혈세가 낭비되는 거라는 판단 때문이겠지요. 구직 활동을 하기 어려운 상황임에도 어떻게든 해야지만 수당을 받을 수 있게끔 제도를 설계한 것입니다. 이처럼 복지 제도에서도 인간다움은 존재하지 않고 일개 노동력만 가치로 인정받고 있음을 알 수 있습니다.

이 복지 제도는 노동과 돈의 가치를 최선으로 하며 복지 혜택을 받는 수여자를 엄격하게 선별합니다. 신자유주의와 자본주의가 결합된 시대를 살아가는 우리는 '개'가 아니라 '인간'이라고 다니엘은 울부짖습니다. "I, Daniel Blake"라고 굳이 '나'를 강조하는 이유는 다니엘이 그만큼 존엄하다는 정체성을 드러내고 싶었기 때문입니다.

다니엘은 인간다움을 잊지 않았습니다. 그랬기에 케이티와 연대할 수도 있었지요. 아이들의 밥을 먹이느라 제대로 먹지도 못하던 케이

티는 생필품조차 살 수 없어 마트에서 절도를 저지릅니다. 기득권층은 그런 그녀를 이용하듯 성매매에 넘기려 들지요. 하지만 다니엘은 피 한 방울 섞이지 않은 케이티를 위해 그녀가 나쁜 길로 빠지지 않도록 인도합니다.

우리는 과연 어떤 마음으로 사람을 대해야 할까요? 사람이 당연해 보이지만 영화 속 기득권층의 선택을 보면서 우리는 너무도 쉽게 우리가 사람임을 잊고 있지는 않은지 생각하게 됩니다.

우리 모두는 존엄한 가치를 가졌습니다. 자신 역시 어려운 상황이지만 도움이 필요한 사람을 기꺼이 도울 줄 아는 다니엘 블레이크를 보며 우리는 그 가치를 한번 더 상기할 수 있을 것입니다.

한국판 '나 다니엘 블레이크'는 어떻게 되었나?

수원에 살던 기초생활 수급자 A씨가 무리하게 취업 활동을 하다 2014년 8월 사망하는 사건이 발생했습니다. 사람들은 켄 로치의 영화 〈나, 다니엘 블레이크〉의 한국판이 현실이 되었다고 규탄했습니다. 근로 활동을 강제하는 복지 제도가 비현실적인 근로 능력 평가로 빈곤층을 내몬 결과이기도 하지요. 우리가 흔히 정의라고 착각하는 복지 제도가 실질적으로 그들에게 도움이 되는지 생각해 보게 하는 사건입니다.

A씨가 사망하게 된 경위는 이렇습니다. A씨는 2003년과 2005년

두 차례에 걸쳐 심장 대동맥류와 기형으로 인한 인공혈관 치환 수술을 받았습니다. 건강 때문에 생계 활동을 중단했고 의료비가 많아져 경제적인 어려움을 겪었지요.

A씨는 2005년에 기초 생활 수급자가 됩니다. 일반 수급 자격을 유지했으나 2013년 11월 연금공단의 근로 능력 평가에 따라 2014년 1월 근로 능력이 있다는 판정을 받습니다. 기초생활 수급 지원이란 소득 기준으로 생계가 곤란한 저소득층이 생계나 의료지원, 주거나 교육 등을 지원받는 제도를 말합니다. A씨는 근로 능력이 있다는 판정을 받았습니다. 그 결과 기초 생활 수급자의 조건에서 탈락해 지원금을 못 받게 되었고, 직접 일을 하며 생계를 꾸려 나가야 했습니다. A씨는 몸이 안 좋아서 일을 하면 건강이 나빠질 것이 우려된다고 주민센터 담당직원에게 호소했습니다. 하지만 영화처럼 '어쩔 수 없다'는 답변만 받았지요.

A씨는 선택의 여지가 없이 지역의 고용센터에서 2014년 1월부터 교육 훈련을 받게 됩니다. 일을 하지 않으면 수급받을 수 있는 권리를 빼앗긴다는 말에 2월 말, 아파트 지하 주차장 청소부로 취업하게 되지요. 하지만 A씨는 일하면서 감기 증상과 발열, 부종을 계속 겪어야 했습니다. 결국 일하던 도중에 쓰러져 응급실에 입원합니다. 이식을 받은 혈관을 비롯해 복부 전체에 감염이 퍼져 있었지요. A씨는 의식 불명 상태로 있다가 8월 28일 사망하고 맙니다.

영화 속 상황과 너무나도 닮은 그야말로 한국판 〈나, 다니엘 블레이크〉인 셈입니다. 특히 문제가 된 점은 2014년 4월부터 전국적으로 시행된 '근로 빈곤층 취업 우선 지원 사업'입니다. 이 제도는 수급자 개인의 상황과 무관하게 시장에 취업할 것을 우선 장려합니다. 즉, 정부는 일자리를 제공하는 것이 아니라 수급자들이 자발적으로 취업하기를 요구했으며 그 결과 수급자들은 낮은 임금과 열악한 노동 환경에 처할 가능성이 커져 버렸습니다.

피해자만 있고 가해자는 없는 이런 제도 아래 다니엘 같은 사람은 계속해서 나오고 있습니다. 우리는 이들을 위해 무슨 노력을 기울여야 할까요? 정의에 대해 그리고 인간다움에 대해 함께 고민해 봐야 할 때입니다.

함께 토론해 보아요!

1. 국가 수당 시스템은 그것을 부정하게 활용하는 사람들 때문에 더욱 절차를 까다롭게 만들었습니다. 부정 수급을 막기 위해 시스템의 절차를 계속 까다롭게 해야 할까요? 어려운 사람을 위해 더 간소하게 만들어야 할까요? 세계 시민 관점으로 볼 때, 이 시스템을 어떻게 개선시키면 좋을지 생각해 봅시다.

2. 케이티는 빈곤에 시달리다 결국 절도를 저지르고 맙니다. 실제 우리 주변에 이런 사례를 심심치 않게 발견할 수 있습니다. 이런 케이스는 법적으로 어떻게 판단하고 어떻게 구제할 수 있을지 직접 찾아보고 토론해 봅시다.

3. 다니엘과 케이티와 같은 사람들을 구제할 수 있는 현실적인 방법은 무엇일까요?

행복한 집은
디즈니랜드에나 있는 것

< 플로리다 프로젝트 >

▶

여러분은 어떤 집에서 살고 있나요? 아파트에 살고 있나요, 아니면 연립 주택이나 단독 주택에 살고 있나요? 저는 가끔 서울에 높은 아파트를 바라보며 그런 생각이 들어요. 이렇게 아파트가 끝도 없이 많고 계속 생기고 있는데 왜 내 집을 마련하기가 힘들까요?

이런 생각 또한 듭니다. 새로운 아파트가 생기면 거기에 살고 있던 누군가는 다른 곳으로 떠나야만 합니다. 수많은 아파트가 지어졌는데, 전에 그곳에 머물던 사람들은 다 어디로 떠났을까요? 이렇게 수많은 집이 있는데 왜 여전히 집이 없는 사람이 존재할까요?

언제부터인가 주거 공간은 더이상 우리가 먹고 살아가는 안정적인 보금자리만 뜻하지 않게 된 것 같습니다. 주거는 보금자리보다는 부유함을 증명하는 수단이 되어 차별과 불평등의 원인이 되고 있습니다. 돈이 많으면 좋은 아파트를 살 수 있고, 좋은 아파트에 살면 아파트 주민을 위해 제공되는 더 좋은 생활 혜택을 누릴 수 있습니다.

쉬운 예로, 좋은 아파트에는 다양한 부가 시설이 마련되어 있습니다. 놀이터는 물론이고 문화, 체육 시설도 있지요. 주택에 사는 아이들 역시 공공 놀이터에서 놀 수 있지만, 아파트 단지처럼 입주민을 위해 조성된 놀이터에서는 놀 수 없습니다. 일부 아파트들은 입주민만 시설을 이용하게끔 제한하기도 하거든요. 놀이터와 가까운 곳에 살지만 입주민이 아니라는 이유로 아이들은 놀이터에서 놀 수 없게 되는 거지요.

아이들은 어쩔 수 없이 먼 놀이터를 찾아가거나 안전하지 않은 장소에서 놀 수밖에 없습니다. 이렇게 되면 함께 노는 친구들도 달라지겠지요. 자연스럽게 같은 아파트에 사는 친구들끼리, 주택에 사는 친구들끼리 어울리게 됩니다.

이렇게 생겨난 주거 공간의 차이는 서로에 대한 혐오로 이어지기도 합니다. 임대 아파트에 거주하는 사람을 비하하는 표현을 아이들이 별 고민 없이 쓰는 모습을 흔히 볼 수 있습니다. 아파트 사이에서도 고급 아파트, 임대 아파트 등으로 급을 나눠서 거기 사는 사람들을 비하하는 것이지요. 아파트가 아닌 빌라에 사는 사람을 비하하는 표현으로 '빌거(빌라에 사는 거지)'라는 말을 장난처럼 쓰는 모습도 볼 수 있습니다. 주거가 단순히 '보금자리'가 아닌 차별의 대상이 되는 현실을 이대로 두어도 괜찮을까요?

영화 〈플로리다 프로젝트〉를 통해 주거의 의미에 대해 살펴보려 합니다. 집이 곧 사람이 아닌데, 우리는 집으로 그 사람을 평가하고 있습니다. 이 영화를 통해서 집으로 사람을 평가하고 판단하는 행태에 대해 고민하는 시간이 되었으면 합니다.

🎞 무니와 엄마는 왜 모텔을 전전하게 되었을까?

형형색색의 빛깔로 칠해진 디즈니랜드 매직캐슬 근처의 한 모텔. 무니와 스쿠티는 새로 온 사람들을 자신의 방식대로 환영합니다. 차 위에 침을 뱉으며 짓궂은 장난을 치는 꼬마들에게 차 주인은 소리치며 엄마를 데려오라 합니다. 아이의 잘못을 알게 된 엄마는 별일 아니라는 듯 아이들에게 망쳐 놓은 차를 닦으라고 지시해요.

차 주인의 손녀 제시는 무니와 함께 차를 닦으며 둘은 친구가 됩니다. 무니와 스쿠티의 엄마는 싱글맘입니다. 제시의 할머니는 제시의 부모가 떠나서 어쩔 수 없이 아이들을 돌보고 있어요. 그들은 왜 하필이면 이곳, 디즈니랜드 근처 모텔에서 만나게 되었을까요?

"여기는 어떤 아저씨가 사는데 그 아저씨는 맨날 맥주를 마셔. 그리고 이 방에 사는 아줌마는 병에 걸렸다는데, 그것 때문인지 발이 이상하게 부어 있대. 이 방에 있는 아저씨는 가끔 경찰 아저씨들이 잡아가는 것 같아."

영화 초반에 무니는 제시에게 이웃들을 담담하게 소개합니다. 아이가 설명한 이웃들은 모텔에서 장기 투숙을 하고 있는 사람들입니다. 이들이 모텔에 장기 투숙을 하는 이유를 살펴볼게요.

우리가 주거 공간을 마련하려면 임대 보증금을 내야 합니다. 대부

📌 디즈니랜드 잠자는 숲속의 공주 성 ⓒ SolarSurfer

분의 경우, 보증금은 꽤 큰돈이기 때문에 그만한 돈이 없는 사람들은 보증금 없이 일주일 단위로 모텔 투숙비를 지불하며 살아갑니다. 보호받아야 할 취약 계층인 무니와 엄마는 보호는커녕 한 달에 한 번 등 떠밀리듯이 방을 바꿔야 합니다. 그렇지 않으면 정부에서 장기 투숙 여부에 대한 조사가 나오거든요. 미국에서는 집 없이 숙박 시설에 오래 머무르는 장기 투숙을 법적으로 허용하지 않기 때문입니다.

영화 〈플로리다 프로젝트〉의 제목은 이중적인 뜻을 가지고 있어요. 하나는 디즈니의 테마파크 부지 매입 사업의 명칭이고, 다른 하나는 홈리스 지원 정책입니다. 전혀 다른 두 가지 뜻의 기원을 살펴보면 다음과 같습니다.

미국 플로리다주 올랜도에는 환상적인 놀이공원 디즈니랜드가 있습니다. 처음 이 놀이공원을 만들 때, 관광객들이 이곳을 찾아와 머물 수 있는 숙소로 쓰이고자 매직캐슬 근처에 모텔들이 즐비하게 들어서게 됩니다. 영화 속 연보라빛과 민트색 등 화사한 색감은 마치 관광객의 시선을 사로잡기 위해 혹은 매직캐슬과 동화되고자 이곳 역시 칠해진 느낌이지요.

하지만 행복한 나날도 잠시, 2008년 서브 프라임 모기지 사태로 경제적인 위기를 맞으며 이곳을 찾는 관광객은 자연스럽게 줄었습니다. 모텔 역시 손님을 잃게 되었어요. 그리고 관광객 대신 당시 집을 잃어 오갈 데가 없어진 사람들이 이곳으로 모이게 됩니다. 테마파크 부지 매입 사업 명칭으로 불리던 '플로리다 프로젝트'가 2008년을 기점으로 홈리스(homeless, 집을 잃은 사람들) 지원 정책으로 바뀌게 된 이유가 여기에 있어요.

스쿠티의 엄마는 동네 작은 식당에서 아르바이트를 하고, 무니 엄마는 안정적인 일자리를 구하고 싶어도 그 과정이 쉽지 않습니다. 작은 관광 도시에서 젊은 여성이 할 수 있는 일은 한정적이기 때문이죠. 바쁜 스쿠티 엄마를 대신해 무니의 엄마는 공동육아로 스쿠티와 무니를 함께 돌보며 겨우겨우 삶을 유지해 나갑니다.

영화는 어른이 아닌 무니의 시선을 따라가며 기본적인 생존권이 보장되지 않은 모텔에서 장기 투숙을 하고 있는 홈리스의 삶을 담담하고 건조하게 보여 줍니다. 학교조차 가지 못하는 아이들은 디즈니랜드 앞에서 지나가는 어른에게 돈을 달라고 하고, 아이들을 불쌍히 여긴 어른들이 돈을 줍니다. 아이들은 그렇게 모은 돈으로 아이스크림 하나를 사서 나누어 먹습니다. 놀이터조차 없어 모텔 앞에서 놀고 있는 아이들에게 위험해 보이는 어른이 다가와 위협을 가하기도 합니다. 아이들은 하루 종일 술에 취해 있거나 공공장소에서 옷을 벗고 태닝하는 등 올바르지 못한 어른의 모습을 아무렇지 않게 보고 배우며 살아갑니다.

영화는 철저히 아이의 시점으로 진행되는데, 아이들은 자본주의의 계급 사회를 당연하게 받아들이고 있습니다. 최소한의 보호조차 되지 않은 위험한 환경 속에서 천진난만하게 살아가는 아이들을 보고

있노라면, 오히려 관객이 두려움을 느끼게 됩니다. 저 아이들이 다치지 않을지 걱정되기도 하고요.

일자리를 구할 수 없었던 무니의 엄마는 결국 도덕적으로 지탄을 받을 일을 저지르고, 이 사실을 알게 된 아동정책국 직원들은 곧 매직캐슬로 오게 됩니다. 무니와 엄마를 억지로 떼어 놓으려고요. 무니는 겁을 먹고 도망쳐요. 무니가 할 수 있는 일은 유일하게 의지했던 제시에게 달려가는 것이었어요. 무니의 삶이 어떻게 되었을지, 우리는 영화가 끝날 때까지 알 수 없습니다. 그저 무니가 행복하길 바라는 수밖에요.

 ## 집은 왜 투자 수단이 되었을까?

우리나라뿐만 아니라 전 세계적으로 주거 문제가 심각해지는 이유는 무엇일까요? 주위를 둘러볼 때 아파트는 계속해서 생겨나는데, 왜 사람들은 편하게 잘 보금자리 하나가 없는 걸까요? 자본주의 사회에서 가장 큰 가치는 무엇보다 '돈'입니다. 돈을 많이 가진 사람은 더 좋은 혜택을 받을 수밖에 없는 악순환의 구조가 계속 이어집니다. 우리나라의 소시민을 예로 설명해 보겠습니다.

2010년 대, 네 식구를 둔 40대 가장이 있습니다. 한 달 500만 원이 되지 않는 월급으로 여유 있게 살기란 쉽지 않습니다. 일반적으로 결혼을 하면서 보금자리를 위한 대출이 시작됩니다. 그 빚을 일정 부분 갚아 나가면서 온 가족들이 먹고 살며 노후까지 준비하기에 월급은

적은 금액처럼 보이네요. 그나마 가장 적게 투자해 가장 큰 돈을 벌수 있는 것은 주식 아니면 부동산인 것 같아요. 당시에는 부동산 정책이 지금과 달라서 여유 자금이 있는 사람은 누구든 부동산에 투자하는 것이 가능했습니다.

부부는 열심히 부동산 공부를 시작했습니다. 할 수 있는 대출은 최대한 받아서 새 보금자리를 마련했습니다. 가족들은 함께 이사를 가고, 3년 뒤 처음 집을 구매할 때보다 가격이 꽤 오른 집을 팔고 그 차액으로 새로운 보금자리로 이사를 갑니다. 그리고 남은 돈과 대출로 또 다른 집을 사고 세입자를 얻어 전세금을 받아 대출금을 갚습니다.

시간이 흘러 새로 산 집도 가격이 올랐습니다. 이제 토끼 같은 자식들은 고등학생이 되었고, 교육비는 더 많이 들어가지만 예전보다는 더 여유로워진 것 같습니다. 부부는 노후를 준비하기 위해 할 수 있는 한 더 많은 집을 사려고 애씁니다. 부부는 평범하게 돈을 벌기보다는 10년 전부터 집을 사고팔며 돈을 벌기를 잘했다고 생각합니다. 그리고 스스로 공부를 하고 투자를 했기 때문에 이것은 일종의 노동으로 얻은 값진 재산이라고 생각할 것입니다.

하지만 이런 부부가 한둘이 아니라 매우 많다면 어떨까요? 사람들이 점점 집을 사는 공간이 아닌 투자의 대상으로 보다 보니 집값은 자꾸 오르게 됩니다. 그렇게 오른 집값으로 돈을 벌어들인 사람들이 많아지면, 또 그것을 지켜보는 다른 사람들도 무조건 대출을 받아서 집을 사야 한다고 생각해 무리하게 투자하지요.

이제 부동산은 몇몇 사람들만 투자하는 분야가 아닙니다. 부동산으로 큰돈을 벌게 된 소수의 사람들을 롤모델로 삼아 많은 사람들이 무리해서 대출을 받아 집을 사기 시작했습니다. 그렇게 산 집에 들인 돈을 회수하기 위해 사람들은 더 비싼 가격으로 임대할 수밖에 없게 된 거예요.

그렇게 10년이 지난 지금 집값은 어떻게 됐을까요? 서울에서 가장 비싼 집값을 자랑하는 강남구는 2020년 6월 기준 매매 평균 가격이 약 18억으로 10년간 134% 상승했습니다. 이 시기에 서울뿐만 아니라 전국의 집값이 상상 이상으로 올라 일반 서민은 집을 사는 것이 더욱 어려워졌습니다.

하지만 일부 부동산 투자로 돈을 번 사람들은 멈추지 않았습니다. 내 집을 마련했음에도, 경제적인 안정을 이루었는데도 끊임없이 돈을 최고의 가치로 여기며 더욱 부동산에 관심을 가졌지요. 이제 우리가 사는 세상에서 부동산 투자와 투기의 경계는 모호해졌습니다. 투자란 내가 투입한 금액만큼 정당한 이익을 얻는 것이고 거래 대상의 가치 변화에 주목합니다. 반면에 투기란 오로지 시세 차익에만 목적을 둔, 개인적이고 이기적인 방법이라고 할 수 있습니다.

이렇게 투기로 인해 돈을 버는 사람이 늘수록 일반 서민들의 내 집 마련에 대한 불안과 위기가 더해졌습니다. 투기에 관심이 없던 사람들도 무리하게 부동산을 사는 분위기가 만들어진 것이지요. 전 세계적으로 부동산 문제가 심각해진 경위는 이렇습니다. 지금의 부동산 문제는 개개인의 끝없는 욕심이 불러온 파국과 같습니다.

〈플로리다 프로젝트〉 속 주인공들이 장기 투숙을 하게 된 이유를 생각해 볼까요? 누군가는 부동산 투기를 하며 돈을 벌고 있을 때 하루가 다르게 오르는 집값을 감당하지 못하는 사람들이 생겨납니다. 빈익빈 부익부 현상이 주거에서도 나타난 것이지요. 월세를 내며 살았던 무니네 가족과 같은 사람들은 오르는 집세를 감당할 수 없어서 결국 내쫓기고 맙니다. 이들은 갈 곳 없이 떠돌다가 모텔에 장기 투숙을 하게 된 거죠.

우리나라의 사정으로 가져와도 이런 고민은 크게 다르지 않습니다. 월세든, 전세든, 어떻게든 터전을 잡아 좀 살만 하면 보증금이 올라 끊임없이 이사해야 하는 경우가 적지 않습니다. 이를 설명하는 단어 중 '젠트리피케이션'이라는 말이 있습니다. 서울의 압구정, 신촌과 이대를 떠올려 볼까요? 이곳들은 한때 온갖 인기 있는 상점과 사람들이 넘쳐 나는 핫플레이스였습니다. 사람들이 모여드니 장사가 잘되는 가게들이 많았지요.

이 지역의 인기가 높아지자 임대료가 지나치게 오르게 됩니다. 아무리 장사가 잘되어도 임대료가 치솟자 결국 가게 주인들은 비싼 임대료에 버티지 못하고 쫓겨나게 됩니다. 인기 있던 가게들이 사라지자 지역의 인기도 시들게 되지요. 젠트리피케이션 역시 세계 곳곳에서 일어나고 있습니다. 모두 부동산을 돈벌이로 보는 시각에서 비롯된 결과이지요. 이렇게 주거는 더 이상 개인의 문제가 아닌 것이 되어 버렸습니다. 주거를 투자로 보는 사회에 대해 우리는 어떤 고민을 해봐야 할까요?

더 이상 남의 나라 이야기가 아닌
우리 모두의 이야기

2020년 도쿄 올림픽을 개최하는 것을 결정한 직후인 2013년 10월, 일본 정부는 인근 메이지공원 텐트촌에 살던 홈리스들에게 퇴거하라고 요구했습니다. 또, 카스미가오카 아파트에 살던 400여 가구의 주민들에게도 강제 이주를 요구했지요.

우리나라 역시 이런 일이 있었습니다. 88올림픽 때 서울에 살던 72만 명이 수도권으로 밀려나 판자촌을 이루어 살았습니다. 당시 서울에 올림픽 경기장을 건설해야 했는데, 그 부지에 살던 많은 사람들이 힘없이 밀려났던 것이지요. 서울 남부와 가장 가까운 지역인 경기 남부쪽으로 많이 밀려났다고 합니다. 평화의 상징 올림픽에 아이러니하게도 철거 이슈가 항상 따르게 되었습니다.

살아갈 곳, 즉 주거가 안정되는 것은 인간이 누려야 할 기본적인 권리 중 하나입니다. 주거권 규정에 '모든 국민은 쾌적하고 안정적인 주거 생활을 할 권리를 가진다'라는 주거 안정을 위한 국가의 강한 책임과 의무를 명시하고 있는데요. 헌법상으로 구체적인 법안이 마련되었다는 것은 그만큼 주거 문제에 대해 모두 한마음으로 심각성을 인지하고 있다는 뜻이기도 합니다.

우리나라에는 무니의 가족처럼 자신의 보금자리가 아닌 곳에 살고 있는 사람이 얼마나 될까요? 통계청에 따르면 2017년 기준 무려 429,739명이나 비주택인구로 분류된다고 합니다. 이들의 주거권에 대한 보장 역시 함께 고민해야 할 문제일 것입니다.

부동산 값이 치솟으면 주거 문제는 자연스럽게 발생합니다. 이 주거 문제는 '주거 분리' 현상으로 이어지지요. 주거 분리란 고소득층과 저소득층의 주거 지역이 분리되는 현상인데요. 흔히 혐오의 표현으로 말하는 '잘사는 동네'와 '못사는 동네'가 이런 현상 때문에 나타납니다. 고소득층 지역의 주거는 갈수록 호화스러워지고, 반대로 저소득층의 주거 지역은 점차적으로 쇠락하는 현상입니다.

주거의 양극화는 그곳에서 자라난 청년들의 빈곤율을 높일 뿐만 아니라 청년들이 집을 사는 것을 더욱 어려워지게 만듭니다. 무니처럼 저소득층 주거 지역에 사는 아이들은 교육과 같은 기본적인 권리와 혜택을 보장받기 어려워지지요. 이렇게 분리된 사회로 살아가는 것이 과연 옳은 것일까요? 우리는 어떻게 해야 다 함께 잘 살 수 있을지 고민해 봐야 합니다.

함께 토론해 보아요!

1. 평화의 의미를 지닌 올림픽이 철거 없이 이루어지려면 어떻게 해야 할까요?

2. 영화 <플로리다 프로젝트> 속 무니의 가족을 위해서 정부가 할 수 있는 일은 무엇일까요?

3. 우리나라의 홈리스들을 위해 내가 당장 실천할 수 있는 일은 무엇일까요?

PART 02

인권은 다양한
얼굴을 하고

우리를
찾아온다

여러분이 생각하는 인권이란 무엇인가요? 인권은 모든 사람이 인간이라는 것만으로도 존엄성을 가진다는 가치에서 나옵니다. 성별, 나이, 인종, 피부색, 출신 민족, 출신 지역, 장애, 신체 조건, 종교, 언어, 결혼과 출산, 사회적 신분, 성적 지향성, 정치성 등에 관계없이요. 모든 사람은 자율성을 가진 평등한 존재로 존중하고 공정하게 대우하는 것이 인권의 바탕입니다. 쉽게 말해 나와 다른 사람에 대해 인정하며 자신의 이익만 주장하지 않고 함께 살아가는 것이지요.

평등한 권리를 갖기 위한 노력은 오랫동안 이어져 왔고 인권을 바라보는 시각 역시 시대에 따라 변화해 왔습니다. 그럼에도 아직도 인권을 제대로 보장받지 못하는 일이 일어나고, 영화에서도 인권을 침해당하는 사례를 다루기도 합니다. 이번 파트에서는 그런 영화를 소개하면서 인권에 대한 다양한 생각 거리를 이야기하고자 합니다.

인권은 개개인의 일상에서 학교, 일터 및 공공 기관과 같은 사회적 상황까지 다양하게 관여됩니다. 앞으로 우리는 다양한 문화와 다양한 인종, 다양한 생각을 가진 사람들과 함께할 것입니다. 영화 속 인권 이야기를 통해 여러분이 인간으로서 지켜야 할 존엄성에 대해 깊게 생각해 보고 인권을 지키고 개선하기 위해 노력할 부분은 무엇인지 고민해 보았으면 합니다.

한계를 깨부수고 최초가 된
세 사람의 이야기

< 히든 피겨스 >

▶

12월 10일은 무슨 날일까요? 바로 '세계 인권 선언의 날'입니다. 1948년 세계 인권 선언을 채택한 날을 기념하여 탄생한 날입니다. 세계 인권 선언은 제2차 세계 대전의 전후로 전 세계에 만연했던 인권 침해 사태를 반성하고, 모든 인간의 기본적인 권리를 존중해야 한다는 국제연합(유엔, UN) 헌장의 취지를 구체적으로 만든 선언입니다. 세계 인권 선언의 내용을 자세히 살펴볼까요?

인간의 존엄과 평등을 선언한 1조

제1조 "모든 사람은 태어날 때부터 자유롭고, 존엄성과 권리에 있어서 평등하다."

인간의 존엄을 위한 '차별 금지 원칙'을 선언한 2조

제2조 "모든 사람은 인종, 피부색, 성, 언어, 종교, 정치적 또는 그 밖의 견해,

민족적 또는 사회적 출신, 재산, 출생, 기타의 지위 등에 따른 어떠한 종류의 구별도 없이, 이 선언에 제시된 모든 권리와 자유를 누릴 자격이 있다."

모든 것을 불문하고 인간은 다 같이 존중되어야 합니다. 이는 가장 먼저 나오는 조항이니만큼 가장 기본적이면서도 중요한 것이겠지요. 그러나 이토록 간단하고, 명료하며, 보편적인 가치가 인류 역사상 완벽히 실현된 적은 없습니다. 인권의 역사는 투쟁의 역사라 불릴 만큼 기존의 가치와 싸우며 이 기본적인 권리를 획득해야만 했지요. 만일 여러분이 단지 여성이라는 이유만으로 존중받지 못한다면 어떨까요? 다른 인종이라는 이유로 존중받지 못한다면요? 나의 능력을 인정받지 못하고, 꿈을 꿀 수조차 없다면 어떨까요?

여성 그리고 흑인,
차별의 정점에 선 그들의 이야기

영화 〈히든 피겨스〉는 흑인에 대한 차별이 극심했던 1960년대 미국을 배경으로 합니다. 이 시기에 NASA에 근무하며 미국 최초의 우주인을 만드는 데 공을 세운 흑인 여성 세 명의 실화를 다루지요. 때로는 현실이 더 영화 같은 경우가 종종 있습니다. 실화를 바탕으로 한 영화 〈히든 피겨스〉의 캐서린, 도로시, 메리의 이야기가 그렇습니다.

1960년대 초반, 미국과 러시아는 우주 개발에 관해 보이지 않는 전쟁을 펼치고 있었습니다. 그리고 우주 개발을 도맡는 기관 NASA

에서는 더 치열한 인종 차별 전쟁이 벌어지고 있었지요.

캐서린은 6학년에 대학에 입학한 수학 천재입니다. 그녀는 NASA
에 입사했지만 흑인 여성이라는 이유로 낮은 임금을 받고 계약직인
컴퓨터 계산원으로 일합니다. 그러던 중 미국의 첫 유인 위성 발사
사업에서 해석 기하학에 능통한 유일한 직원으로 뽑히지요. 하지만
캐서린은 첫날부터 인종 차별과 따돌림을 당합니다. 남자 선배는 캐
서린에게 기득권을 뺏길까 봐 정보도 공유하지 않은 채 업무 지시만
내리고 동료들은 책상 외에 같은 공간을 쓰는 것조차 거부합니다.

캐서린이 화장실을 가려면 힐을 신고 왕복 40분이 걸리는 1,600m
을 뛰어 건물 밖 별관으로 가야 합니다. 본부장이 그녀가 오래 자리
를 비우는 이유를 묻자 동료들은 '휴식'하러 갔다며 자신들의 차별을

★ 유색인종 전용 음료수장   © Russell Lee (1903-1986)

숨깁니다.

어느 날, 화장실을 다녀오다 비를 흠뻑 맞고 온 캐서린은 본부장에게 근무 태만을 질책받고 그동안 참았던 울분을 토해냅니다. "동료들은 흑인인 나와 커피 한 잔을 같이 마시는 것도 싫어서 흑인 전용 포트를 친히 마련하였고 이 넓은 건물 안에 내가 쓸 화장실은 없다. 가까운 곳은 백인 전용이니까. 나는 앞으로도 하루에 몇 번은 화장실에 가기 위해 자리를 비워야 하니 양해하라"고 말이죠.

그 이후 어떻게 되었을까요? 본부장 해리슨은 흑인과 백인이 함께 화장실을 쓰지 못하게 분리해 두었던 것을 부수고 캐서린이 함께 화장실을 쓸 수 있도록 해줍니다. 그 후 캐서린은 남자 선배들이 풀지 못하는 문제를 풀어내며 팀에서 능력을 인정받죠. 컴퓨터가 고장 나 우주선을 발사하기 어려워진 상황에서 캐서린은 정확하게 좌표를 계산해내어 우주선 발사를 성공시킵니다.

도로시는 NASA에서 전산원으로 일하며 1년 넘게 공석인 주임의 역할까지 수행합니다. 그녀는 실질적으로 전산원들의 리더이며 뛰어난 업무 능력을 갖추었지만 10년째 계약직입니다. '흑인은 정규직이될 수 없다'라는 규정 때문입니다.

이런 그녀와 동료 전산원들에게 위기가 찾아옵니다. 바로 IBM이만든 컴퓨터 시스템이 NASA의 전산 기술 업무에 도입되는 것입니다. IBM이 도입되면 전산원들의 업무는 자동화 시스템으로 바뀌기때문에 당연한 수순으로 모두 일자리를 잃게 됩니다. 도로시는 전산원들이 해체될 것을 내다보고 동료 모두가 프로그래밍 기술을 익히

도록 미리 훈련시킵니다. 미래를 예측하고 대비한 덕택에 도로시는
NASA 최초 흑인 주임이자 최초 흑인 IBM 프로그래머가 됩니다.

　마지막 인물 메리의 이야기를 살펴보죠. 그녀는 엔지니어에 관심
과 재능을 가졌지만 흑인이기에 꿈조차 꾸지 않고 NASA의 전산실
에서 평범한 전산원으로 근무합니다. 그러나 그녀의 재능을 알아본
엔지니어링 책임자의 권유로 엔지니어가 되기로 결심합니다. 수학과
물리에 관한 학위가 있으면 NASA의 엔지니어에 응시할 자격이 됩
니다. 메리는 두 학위가 다 있어 엔지니어에 응시하지만 그녀가 흑인
이라는 이유로 응시 자격에 새로운 규정이 만들어집니다, 바로 '버지
니아대학교 고급 과정 강좌'를 이수해야 한다는 규정입니다.

　당시만 해도 버지니아대학교는 백인들의 전용 대학이어서 메리는
입학할 수 없었습니다. 그러나 메리는 굴하지 않고 엔지니어라는 꿈

을 이루기 위해 법원에 흑인 여성 입학을 위한 탄원서를 제출합니다. 흑인 전용 입구와 흑인 전용 좌석이 있는 흑인 차별 법정에서 '최초의 중요성'을 이야기하며 판사의 마음을 움직입니다. 결국 그녀는 '야간 대학에 다니는 것을 허락한다'는 판결을 받습니다. 이후 메리는 NASA의 최초 흑인 여성 엔지니어가 됩니다.

메리가 재판에서 강조한 '최초의 중요성'은 무슨 의미를 지닐까요? 그것은 그동안 당연하게 생각해 왔던 편견과 관습을 깨는 첫 사례이기에 중요하다는 것입니다. 그로 인해 새로운 시대가 열리고 새로운 역사의 첫 번째 문을 열게 되므로 그만큼 중요한 사람이자 사건이라는 뜻이지요.

이 영화는 1960년대 미국에서 일어난 여러 가지 '최초'가 지닌 역사적 의미를 보여 줍니다. 미국 최초의 유인 우주선 발사 계획에 참여해 큰 역할을 한 최초의 흑인 여성, 미국 최초의 흑인 여성 프로그래머이자 관리자, 미국 최초의 흑인 여성 엔지니어이자 백인 전용 대학교에 입학한 최초의 흑인 여성. 만일 세 주인공이 '최초'가 되기를 두려워했다면 어땠을까요? 아마도 여성, 흑인의 인권이 지금만큼 발전하기 힘들었을지도 모릅니다.

우리는 당연하게 받아들이는 것들이 늘 옳지 않을 수도 있습니다. 그저 익숙하지 않고 평범하지 않다는 이유로 비효율적인 결정을 내릴 때도 있습니다. 차별에 맞서 얻은 '최초'라는 수식은 결코 자연스럽게 이루어지는 게 아닙니다. 불합리와 맞서 용기를 내 쟁취한 결과물인 것입니다.

성차별, 인종 차별을 극복하기 위한
투쟁의 여정

　인간이 달에 가는 것보다 흑인과 백인 학생이 한 교실에서 있는 게 더욱 꿈처럼 느껴질 만큼, 당시 인종 차별은 아주 극심했습니다. 지금은 말도 안 된다고 생각하지만 그때는 흑인과 같은 화장실을 쓰고 버스를 함께 탄다는 것이 불가능한 일처럼 느꼈던 것이지요.

　'블랙 페이스'라는 단어를 들어 보셨나요? 블랙 페이스(blackface)는 흑인이 아닌 출연자가 흑인을 연기하기 위해 하는 무대 메이크업, 그리고 그 메이크업을 한 공연자와 공연을 칭하는 말입니다. 흑인이 아닌 사람이 흑인 얼굴로 과장되게 분장하고 짐승의 동작을 흉내 내며 우스꽝스러운 짓을 하는 것이지요. 그렇게 해서 흑인을 희화화하는 거랍니다.

　1960년대에 미국의 인기 코미디 뮤지컬 중 '민스트럴 쇼(minstrel show)'라는 뮤지컬이 있습니다. 이 쇼에서는 백인 배우가 짐 크로(까마귀. 가난과 어리석음의 대명사)라는 이름의 흑인으로 분장해 흑인 비하 연기를 많이

★ '점프 짐 크로' 악보 표지
Edward Williams Clay (1799-1857)

했습니다. 그래서 1960년대 흑인 인권 운동 속에서 가장 대표적인 인종 차별 행위로 꼽혔지요.

이 후 공공장소에서 흑인과 백인을 분리하고 차별하도록 규정한 인종 차별법에 극 중 배역인 짐 크로의 이름이 붙게 됩니다. 이른바 '짐 크로 법'입니다. 이 법은 미국에서 1876년부터 1965년까지 90년 가까이 유지됐습니다. 버스, 식당, 호텔 같은 상업 시설은 물론 도서관, 법원 같은 가장 평등해야 할 공공 기관에서도 흑인과 백인이 사용하는 장소를 분리해 놓았던 것이죠.

법으로 흑인을 백인과 분리해 놓다니, 지금으로서는 도저히 이해할 수 없는 처사입니다. 이런 법이 있을 만큼 당시는 인종 차별이 만연했고, 성차별도 심했습니다. 세월이 흘러 인권 의식이 높아지면서 이 악법은 수많은 투쟁을 거쳐 사라지게 됩니다. 그러나 단순히 법이 사라졌다고 해서 이러한 인식마저 말끔히 사라지는 것은 아닙니다.

'유리 천장'이라는 말을 들어 본 적 있나요? 이 말은 능력이 충분한데도, 직장 내에서 성별이나 인종으로 차별당해 고위직을 맡지 못하는 것을 비유하는 말입니다. 여성, 그리고 인종에 따라 위로 더 올라갈 수 없도록 유리처럼 보이지 않는 천장이 있다는 것이지요.

영국의 시사지 「이코노미스트」는 매년 OECD 국가를 대상으로 직장 내 여성 차별 수준을 지표로 만든 '유리 천장 지수(Glass-ceiling Index)'를 집계해 발표하는데요. 우리나라는 2021년 기준으로 9년째 '꼴찌'라는 기록을 세웠습니다. 도로시가 흑인이자 여성이라는 이유로 10년째 계약직으로 근무하던 1960년대에서 무려 반세기가 넘게 흘렀지만, 여전히 차별은 계속되고 있습니다. 이 차별을 극복하려면 우리가 어떤 노력을 해야 할까요?

 ## 혐오는 또 다른 차별을 불러오고

차별을 극복한 최초의 역사를 기록해 오면서도 지금 역시 우리는 무수한 차별을 목격합니다. 특히 차별은 혐오와 만나 더 교묘하게 악명을 떨치고 있지요. 2019년 말 중국에서 시작된 코로나19 바이러스(COVID-19) 팬데믹은 전 세계를 공포로 몰아넣었습니다. 전 세계적으로 경제는 위기를 맞았고 사람들은 일상을 송두리째 빼앗겼습니다. 코로나19가 중국에서 시작되었다는 이유만으로 중국인에 대한 공포와 혐오감이 커졌어요. 이런 현상은 해외는 물론 우리나라에서도 벌어졌습니다. 그리고 이 혐오가 중국을 넘어 아시아인에 대한 혐오와 차별을 가져왔습니다.

2020년 3월 미국 뉴욕시 지하철에서 마스크를 쓴 아시아계 여성이 무차별 폭행당하는 일이 일어났습니다. 이탈리아에서는 시장에서 장을 보던 아시아계 남성에게 난데없이 주먹을 휘두르는 사건이 발생했습니다. 코로나19로 가족을 잃은 한 미국인은 소셜 미디어 네트워크에 '모든 감염병이 중국에서 왔다. 어떻게 해야 할지를 모르겠다'는 메시지를 남기며 중국에 대한 혐오를 내비쳤습니다. 코로나19가 심각해지면서 아시아 사람들을 대상으로 하는 증오 범죄와 인종 차별이 더욱 심해졌습니다. 특히 아시안 혐오 범죄는 점점 심해져 폭력적인 언어를 넘어 신체 폭행, 심지어 사망 사건까지 일어났습니다.

중국인과 더 나아가 아시아인을 가까이하지 않는다고 해서 코로나 바이러스가 확산되지 않거나 종식되는 것은 아닙니다. 코로나 바이러스가 인종에 따라 전파되는 정도가 다른 것도 아니니까요. 그러나 팬데믹 이전으로 돌아가기 어려울 것이라는 전망이 계속되자 사람들의 감염병에 대한 공포, 불안이 더욱 심해지면서 중국인을 비롯한 특정 집단에 대한 혐오로 이어진 것입니다. 나와 다르거나 내 두려움을 상대에 대한 혐오로 드러내는 것은 옳지 못한 행동입니다. 그로 인한 차별은 더더욱 해서는 안 되는 행동일 것입니다.

 **우리 사회는 얼마나 차별 없이
공평하게 개인을 대할까?**

민주주의의 꽃이라 불리는 선거에서 여성은 언제부터 투표를 할 수 있었을까요? 미국의 여성들은 1920년에 참정권을 얻었고, 영국의 여성들은 1928년에 참정권을 얻었습니다. 인권의식이 더 높다고 여겨지는 나라에서조차 여성들이 투표권을 얻는 것은 쉽지 않았습니다. 여성들은 거리로 나와 투표권을 달라고 외치며 수많은 투쟁을 한 끝에 참정권을 얻어낼 수 있었습니다.

우리나라의 경우 1948년, 헌법 제8조에서 "모든 국민은 법률 앞에 평등하며 성별에 의하여 정치적·경제적·사회적 생활의 모든 영역에 있어 차별을 받지 아니한다"라고 명시했습니다. 1958년에 여성도 선거권과 피선거권을 갖게 되어 공법의 영역에서 남성과 지위가 같아 졌지요.

이처럼 선거 제도는 오래전에 만들어졌지만 여성이 참정권을 얻은 것은 얼마 되지 않았습니다. 사회 곳곳에서 여성들은 많은 차별을 받았고 이를 바로잡기 위해 오랜 노력과 투쟁을 치른 끝에 평등한 자유와 권리를 얻어 낸 것이지요.

인종 차별, 성차별이라는 두 차별 요인을 함께 지닌 흑인 여성은 아마도 차별의 정점에 선 상태였다고 봐도 과언이 아닐 것입니다. 그럼에도 〈히든 피겨스〉의 주인공들이 흑인 여성 과학자로서 자신의 능력을 충분히 발휘할 수 있었던 데는 재능과 노력이 가장 중요했지만 당시 미국의 상황도 큰 몫을 했을 것이라고 여겨집니다. 유용한 결과를 위해서 인종과 성을 가리지 않고 열린 시선으로 각자의 재능을 인정하고 활용했던 사회의 실용주의적 태도가 여성들에게 기회를 제공한 것입니다.

영화의 시점보다 오랜 시간이 흐른 지금은 어떨까요? 여성은 출산으로 경력이 단절되거나, 직장 내 성희롱 혹은 유리 천장으로 인한 차별을 여전히 받고 있습니다. 앞서도 이야기했듯이, 우리나라의 유리 천장 지수는 최하위권에 해당합니다. 직장 내 여성이 간부까지 오르는 비율이 얼마나 되는지, 여성과 남성의 경제활동이 얼마나 참여하고 있는지, 임금 격차는 얼마나 되는지, 여성과 남성이 육아휴직을 쓰는 비율 등 10가지 지표를 따져 보아 나온 결과입니다. 우리나라가 최하위권인 데에는 가사와 육아 부담이 대부분 여성에게 있는 사회 문화의 영향이 클 것이라고 생각됩니다.

　이제부터라도 성별, 지역, 나이, 장애에 상관없이 개인의 능력을 열린 시선으로 보고, 개인 역시 스스로에게 한계를 두지 않고 마음껏 자신의 능력과 가능성을 펼치는 문화를 만들어 나가야 합니다. 천재성에는 인종이 없고, 강인함에는 남녀가 없으며 용기에는 한계가 없다는 영화 〈히든 피겨스〉의 슬로건처럼 모든 개인이 어떠한 차별도 받지 않고, 자신의 능력을 펼치는 날이 되길 바랍니다.

함께 토론해 보아요!

1. '히든 피겨스'는 숨겨진 숫자라는 뜻으로, 흑인의 외모 뒤에 뛰어난 재능을 가진 주인공들을 은유합니다. 인종, 성, 장애인 등 차별은 여전히 있습니다. 우리가 보이는 것으로 선입견에 빠지지 않기 위해 현실적으로 어떤 노력을 기울여야 할까요?

2. 〈히든 피겨스〉의 명대사 가운데 "당기밀 문서를 볼 수 없는 것이 당연하다고 해서 그것이 옳은 것은 아니야"란 말이 있습니다. 흑인은 정규직이 될 수 없는 것, 식당과 화장실을 따로 쓰는 것도 예전에는 당연했습니다. 지금 우리 사회에서도 당연하다고 여기지만 나는 틀렸다고 생각하는 것이 있을까요?

우리는 누구나
노인이 된다

< 그대를 사랑합니다 >

▶

〈그대를 사랑합니다〉는 동명의 웹툰을 영화로 만든 작품입니다. 원작은 2007년 만화가 강풀이 다음의 '만화 속 세상'에 연재했으며, 2008년 4월에는 대학로에서 연극으로 재탄생했고, 2011년에는 영화로도 개봉됩니다. 노년의 삶을 조명하는 이야기로, 영화도 많은 관객의 사랑을 받았습니다. 다양한 매체로 사랑받은 이 이야기는 노인들이 주인공입니다. 그것도 소외된 노인들이 주인공이지요. 영화에서는 주인공들이 살고 있는 도시 주변부 산동네 골목길을 비추는 어두운 조명으로 노년의 상황을 표현합니다.

오래되어 요란한 소리를 내는 오토바이를 끌고 새벽 우유 배달을 하는 김만석 할아버지는 '버럭'이 취미입니다. 어느 날 이름도 가족도 없이 홀로 폐지를 주워 생활하는 송씨 할머니와 우연히 만납니다. 이후 할아버지는 설레는 사랑을 알아가며 송씨 할머니에게 '송이뿐'이라는 이름도 지어 주지요.

자녀들을 모두 출가시키고 치매에 걸린 와이프를 다정하게 돌보며 주차장 관리인을 하는 장군봉 할아버지와 아내 조순이 할머니는 단둘이 살고 있습니다. 군봉 할아버지는 일하러 갈 때 치매인 순이 할머니가 혹시나 집을 나가 길을 잃을까 봐 매번 대문을 잠그고 나갑니다. 그러던 어느 날 늦잠을 자서 급하게 나가느라 대문을 깜빡하고 잠그지 못합니다. 순이 할머니는 열린 문으로 밖에 나가고 말지요. 다행히 만석 할아버지가 도와서 집을 나간 순이 할머니를 찾게 되고 네 사람은 그렇게 서로 도우며 생활합니다.

군봉 할아버지는 순이 할머니가 암으로 살 날이 얼마 남지 않았다는 것을 알게 됩니다. 할아버지는 자식들에게 짐이 되지 않게끔 부인

을 혼자 두지 않으려고 부인과 함께 스스로 삶을 마감합니다. 만석 할아버지와 이뿐 할머니는 친구들의 죽음에 큰 충격과 상실감에 빠지게 되지요.

영화 〈그대를 사랑합니다〉는 노년기의 사랑과 우정을 잘 보여 주며 노인이 겪는 현실, 그리고 노인의 인권과 복지에 대해 생각해 보게끔 합니다.

 ## 고령화 속도보다 빠른 노인 혐오 속도

여러분은 '노인' 하면 어떤 이미지가 떠오르나요? 혹시 '흰머리, 주름진 얼굴, 약함, 느림, 교통 약자석, 도움이 필요한 사람'이라는 '사회적 약자'의 이미지가 먼저 떠오르지는 않나요? 혹은 '고집이 세고, 자신의 말과 가치관만 맞다고 생각하는 꼰대, 연장자라는 이유로 훈계하고 대접받기만 바라는 사람'이라는 이미지를 떠올리는 사람도 있을지 모릅니다.

그렇다면 이런 분들은 어떤가요? 70대의 나이로 아카데미 여우조연상을 수상한 윤여정 배우, 유튜버 박막례 할머니, 배낭여행 프로그램을 떠난 꽃할배님들(신구, 이순재, 백일섭, 박근형)이요. 이분들을 보면 어떤 이미지가 떠오르나요? 젊은 세대와 소통하려고 노력하는 어른, 존중받아 마땅한 어른, 나이가 들어도 삶의 재미를 찾아 즐겁게 지내는 어른이란 생각이 들지는 않나요?

사실 모든 개인이 다르듯이 노인들의 모습도 매우 다양합니다. 그런데 앞서 한 질문에서 존중하고 대우받을 만한 노인의 이미지를 먼저 떠올리는 답변은 적은 편입니다.

한국청소년정책연구원의 조사 결과, 청년 3명 중 1명은 기성 세대가 노력에 비해 더 큰 혜택을 누리고, 다른 세대를 배려하지 않는다고 생각한다고 합니다. 이런 의견은 일 년 전보다 10% 가량 높아서 기성 세대를 더욱 부정적으로 생각하는 경향이 심해지고 있다고 해석되지요. 그렇다면 왜 '노인'의 이미지는 부정적인 경향이 큰 것일까요?

- 💬 1호선 탈 때마다 틀딱이 유난히 많은 것 같더라.
- 💬 요즘 계속 야근하고 피곤해서 출근길에 앉아서 가고 싶은데 딱 내 앞에 연금충이 서서 자리 비켜 달라고 눈치 주더라…. 경로석도 있는데…. 할 일도 없으면서 출퇴근길에 경로 우대로 공짜로 타서 일하는 사람까지 힘들게 하냐.

이것은 노인 지하철 무임승차 문제를 보도한 포털 기사에 달린 댓글의 내용들입니다. 기사에는 200개가 넘는 노인 비하 글이 달렸지요. 틀딱(틀니 소리를 빗댄 말), 연금충(연금을 축낸다는 뜻), 할매미(시끄럽게 말한다는 의미) 등은 노인을 비하하는 표현입니다. 노인을 향한 혐오 표현을 담은 이런 말들은 언제부터 이렇게 널리, 그리고 어떤 이유로 사용되고 있는 걸까요?

전통 사회에서 우리나라는 노인을 공경하고 사회적 약자를 보호하는 것을 도리로 여겨 왔습니다. 그런데 어느 순간부터 젊은 세대들의 '노인 혐오 현상'이 수면 위로 드러나고 있는데요, 이러한 원인으로는 다음과 같은 요인들이 분석됩니다.

고령화가 심해지면 노인 인구가 늘어납니다. 그러면 자연스럽게 노인을 부양하기 위한 복지 비용이 더 필요해지지요. 대가족 형태로 살아왔던 과거에는 많은 식구들이 한 집안에서 함께 생활하기 때문에 노인들의 생활 비용에 대한 고민이 크지 않았습니다. 하지만 지금은 다르지요. 노인 가구가 늘어나면서 노인들의 생활 비용, 생계를 위한 일자리 문제도 떠올랐습니다.

이러한 문제를 해결하려면 노인을 부양하기 위한 비용과 기회를 많이 만들어야 합니다. 그러자 이런 부분을 젊은 세대들이 뒷받침하다 보니 이들의 부담이 커질 거라는 예측이 나오고, 이로 인해 젊은 세대가 노인 세대를 향한 거부감이 커지게 된 것이지요.

게다가 고령화 속도가 빨라지고 있어 초고령 사회가 되는 것이 더 앞당겨질 수도 있다는 이야기가 나오고 있습니다. 2020년 8월 통계청은 우리나라가 2025년 초고령 사회에 들어갈 거라고 예상했습니다. 초고령 사회란 65세 이상인 고령 인구가 총 인구에서 20% 이상을 차지하는 사회를 말합니다. 유엔은 전체 인구에서 65세 이상 인구가 7% 이상 차지하면 고령화 사회, 14% 이상이면 고령 사회로 구분합니다.

많아지는 노인을 위한 각종 복지 비용이 늘면 청년들의 노인 부양 부담은 당연히 커지겠지요. 통계청에 따르면 경제 생산 활동이 가능한 15~64세의 인구(생산가능인구) 100명이 부양해야 하는 65세 이상 고령 인구가 2000년 10.2명에서 2018년 19.6명으로 늘어났다고 합니다. 그리고 2060년에는 82.6명에 달할 것으로 전망했습니다.

국가인권위원회 보고서에 따르면 청년 응답자의 77.1%가 '노인 복지 확대로 청년층 부담 증가가 우려된다'고 답했습니다. 게다가 노인들이 자신의 일자리까지 빼앗아 간다는 불만 역시 노인을 향한 혐오를 부추깁니다.

또한 세대 간에 가치관이 달라지면서 이로 인한 충돌도 커지고 일부 노인들이 보이는 과격한 말과 행동도 노인을 향한 혐오를 키우는데 영향을 미친 것으로 보입니다. 영화 속 인물 김만석 할아버지는 늘 화가 나 있는 사람처럼 큰소리를 내고, 버럭 하며 반말을 일삼습니다. 원래 성격이 무뚝뚝하지만 김만석 할아버지 또래의 노인들은

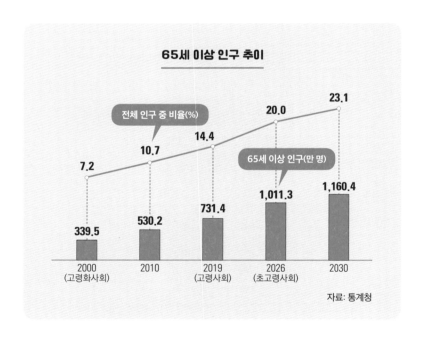

65세 이상 인구 추이

전체 인구 중 비율(%)

65세 이상 인구(만 명)

연도	7.2	10.7	14.4	20.0	23.1
인구	339.5	530.2	731.4	1,011.3	1,160.4
구분	2000 (고령화사회)	2010	2019 (고령사회)	2026 (초고령사회)	2030

자료: 통계청

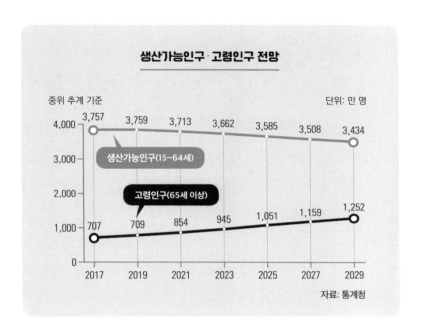

생산가능인구·고령인구 전망

중위 추계 기준 | 단위: 만 명

생산가능인구(15~64세)
3,757 3,759 3,713 3,662 3,585 3,508 3,434

고령인구(65세 이상)
707 709 854 945 1,051 1,159 1,252

2017 2019 2021 2023 2025 2027 2029

자료: 통계청

6·25 전쟁과 급격한 산업화 등을 겪으며 팍팍한 삶을 살아와서 대부분 가족 간의 유대감을 쌓는 방법을 익히지 못했고, 부드러운 대화를 하는 데 어려움을 느끼는 편입니다. 감정을 표현하는 것에도 서툴겠죠. 그러다 보니 젊은 세대들과 대화하면서 오해가 생기기 십상입니다. 그런 할아버지의 모습이 젊은 세대들에게는 보수적이고 비관적이고 독단적인 느낌으로 다가가기 쉽지요.

국가인권위원회의 통계에 따르면 청·장년의 88%가 '노인과 대화가 통하지 않는다'고 응답했습니다. 사회적으로 노인을 '소통이 불가능한 존재'로 여기고 있는 것입니다.

또 젊은 세대들은 어리다는 이유만으로 무턱대고 양보와 복종을 강요하는 노인들의 태도에도 불편함을 토로했습니다. 교통 시설에서 노약자석 외의 좌석에서도 양보를 강요한다던지, 길을 물어볼 때 등이나 팔을 툭툭 건드리면서 이야기하는 모습에 불쾌감을 느꼈다는 이도 있었습니다.

젊은 세대가 바라보는 것처럼 노인은 정말 문제가 많은 사람들일까요? 정말 대화가 가능하지 않은 부류의 사람들일까요? 어쩌면 우리가 그 세대를 잘 모른다는 이유로 쉽게 소통을 포기해 버리는 것일지도 모릅니다. 혹시 우리가 노인 세대들이 젊은 시절에 부양해서 키워 낸 대가족의 일원이 지금의 젊은 세대임을 쉽게 잊고 있는 것은 아닐까요? 분명한 것은 지금 노인이 된 사람들 역시 젊은 시절이 있고, 지금의 젊은 세대들도 나이가 들어 노인이 될 것이라는 것입니다. 다른 세대를 이해한다는 것은 결코 나와 관련 없는 소통이 아니라는 것이지요. 노인이 부정적으로 보인다면 추후 나이든 나 역시 부정적으로 볼 것인지를 되물어야 합니다.

2025년 초고령 사회에 들어설 거라고 예고되는 지금, 우리는 어떤 상황을 마주한 걸까요. 머릿속에 노인을 떠올려 보세요. 혹시 노인을 나와는 아무 접점이 없는 구성원으로 보고 있지는 않은가요? 만일 노인에게 거부감이 든다면 동시에 '그럴 만한 이유'가 함께 떠오르고 있지는 않나요? 어쩌면 우리는 노인에 대한 부정적인 이미지를 다룬 SNS, 동영상들을 아무 비판 없이 받아들이고 있는 것일지도 모릅니다. 노인 혐오를 웃음 소재로 사용하거나, 그게 마땅한 것인지를 따져 보지도 않고 무턱대고 혐오를 따라 하고 있지는 않은지 생각해 볼 필요가 있습니다.

한편 우리나라에서 세대 간 갈등이 극심해지는 이유를 우리나라가 너무 빠르게 성장했기 때문이라고 분석하기도 합니다. 지금의 노인 세대와 젊은 세대가 살아온 경험이 너무나도 다르다는 것이지요. 70대 이상의 노인들은 대부분 시골에서 자라 농사를 짓고 청장년 때 도시로 와서 각종 산업과 정치의 변천사를 몸으로 겪으며 살아온 세대들입니다. 한국 사회의 굵직한 산업의 토대를 맨땅에서 맨손으로 만들어 낸 세대이기도 하지요. 그들은 2차 산업혁명부터 4차 산업혁명의 시기를 직접 보고 겪으며 살아왔습니다.

한편 이미 우리나라의 경제가 발전한 시기에 태어난 10~30대들은 이들의 삶을 실로 상상하기 어려울 것입니다. 풍족한 물질적 삶을 살며 첨단 과학의 발전을 당연하게 받아들이는 젊은 세대들은 과거를 이야기하고 현재를 불평하는 노인들의 말이 와닿기 어려울 수 있습니다. 노인들 역시 지금의 젊은 세대들의 생각을 상상하기 어렵지요.

이런 경험의 차이는 세대 간의 단절을 부추기기 쉽습니다. 그렇다고 해서 나와 다른 세대를 가르고 이해하려 하지 않는다면 결국 우리가 사는 세상을 혐오 가득한 사회로 만들 뿐입니다. 다르기 때문에 최대한 만나고 교류하는 과정이 필요합니다. 이를 통해 우리 모두 함께 살아가는 존재임을 서로 받아들여야 할 때입니다.

현대 사회에서의 노인,
복지가 필요하다

　노인 복지 선진국인 스웨덴은 복지 예산의 절반가량을 노인 복지에 할애한다고 합니다. 스웨덴 직장인 대부분은 65세 생일을 맞이하면서 은퇴하고, 여행이나 취미 활동을 즐기며 제2의 인생을 누립니다. 반면 우리나라 노인은 은퇴 후에도 마음껏 여가를 즐기지 못하죠. 2015년 보건복지포럼 자료에 따르면 우리나라 노인들이 선호하는 여가 1순위는 운동, 공예 같은 취미 활동으로 나타났는데요. 실제로는 TV 시청 또는 라디오 청취 등 단순 반복적인 활동을 하며 여가를 보내는 것으로 나타났습니다.

　지금의 노년층은 어렸을 때 전쟁, 분단 등을 겪으며 가난한 삶을 살았고, 젊었을 때는 여가나 취미 생활은커녕 급격히 성장하는 나라의 발전 속도에 맞추어 밤낮없이 일만 했습니다. 노인들의 젊은 시절에는 내가 일을 더 해야 회사와 나라가 성장하고, 가족이 먹고 살 수 있었으니까요. 젊었을 때 일만 하며 여가를 즐기지 못한 노인은 나이가 들어서도 취미와 여가를 즐기기가 어렵습니다. 그래서 대부분의 노인들은 은퇴하고도 여가 시간을 어떻게 보내야 하는지 몰라 즐기지 못합니다. 자녀들은 독립한 후라 단독 가구로 외롭고 고독한 생활을 하지요. 혹은 부모와 자식을 부양하느라 노후를 준비하지 못해 여전히 생계를 위해 일하기도 합니다. 이런 노인들은 행복한 노후를 보내기 어려운 거죠.

영화 〈그대를 사랑합니다〉의 장군봉 할아버지와 송씨 할머니는 생계를 위해 추운 날에도 밖에서 일합니다. 가족과 함께 사는 김만석 할아버지는 취미나 여가를 즐기지 못하고 새벽에 일찍 일어나 우유 배달을 하지요.

2020년 보건복지부의 노인 실태 조사에 따르면, 혼자 또는 부부만 사는 '노인 단독 가구' 비율이 80%에 육박한다고 합니다. 자녀와 함께 살고 싶다고 생각하는 노인은 10명 중 1명 수준에 그쳤다고 합니다. 또한 경제 활동에 참여하는 노인 비율은 꾸준히 늘고 있는데 일하는 노인 10명 중 7명 이상은 생계비를 마련하는 게 주목적이었다고 발표했습니다. 이를 증명하듯이, OECD는 '나이가 들어서도 열심히 일하지만 노인이 가장 가난한 나라'에 한국을 꼽기도 했습니다. 물론 자녀의 부양 속에서 만족스럽게 지내거나, 직접 쌓은 자산으로 편안한 노후를 즐기는 노인들도 있긴 합니다. 문제는 복지 혜택의 사각 지대에 놓인 저소득층 노인들입니다.

노인 단독 가구 중 가족, 주변의 도움으로 사회보험제도와 노인 복지 서비스를 받는 이들은 그나마 안심이 됩니다. 하지만 영화 속 송씨 할머니처럼 본인의 이름도 모르고, 글씨를 읽거나 쓰지 못해 사회 복지 서비스를 받지 못하는 노인들은 아파도 병원에 가지 않거나 병원에 가더라도 비용 때문에 치료를 포기해 버립니다. 또는 충분히 식사를 하지 못하거나 생계를 위해 위험한 일을 하다가 크게 다치기도 합니다. 그럼에도 복지 사각지대에 놓여 도움을 받기 어렵지요. 통계청 사회조사에 따르면 2019년 우리나라 독거노인 중 27.7%가 위기 상황에서 주변의 도움을 받을 길이 없다고 나타났습니다. 약 10명 중 3명 정도에 해당합니다. 이렇게 사회적으로 고립되면 그만큼 고독사의 위험도 커집니다.

이제 즐길 거리가 없고 어떻게 여가를 보내는지 모르는 노인들과, 생계를 위해 경제 활동을 해야만 하는 저소득층 노인들, 노인 단독 가구로서 외롭게 지내는 노인들은 심각한 문제로 봐야 합니다. 이를 해결하기 위해서는 노인이 지속해서 일할 수 있는 양질의 일자리가 필요하고, 다양한 여가 생활을 즐길 수 있는 제도적인 장치도 필요합니다.

노인 문제에 대해 우리가 관심을 가져야 하는 이유는 무엇일까요? '누구나 노인이 되기 때문'입니다. 스스로 원해서 노인이 되는 경우는 없습니다. 누구나 나이가 듭니다. 우리 부모님도 노인이 될 것이고 나도 50년 뒤엔 노인이 될 것입니다. 우리 모두 '나이가 들기' 때문에 행복한 노후를 맞이하기 위해서라도 현재 노인이 겪는 문제를 해결하기 위해 노력해야 합니다.

매년 10월 2일은 노인에 대한 사회적 관심과 공경 의식을 높이기 위해 제정된 '노인의 날'입니다. 여러분에게 노인은 어떤 존재인가요? 우리는 오늘도 익숙하게 노인을 지나치곤 합니다. 또 그들을 혐오하기까지 하죠. 그들이 어떤 삶을 살고 있는지 알 수 없고 낯선 타인이라고 생각할 수도 있습니다. 버스 옆 좌석에서, 마트 채소 코너에서, 공원 벤치에서 그들이 건네는 눈빛에 답해 보는 것은 어떨까요? 무관심의 그늘 아래 갈 곳 없는 노인들을 위해 관심을 표해 보는 것은 어떨까요? 우리의 관심으로 노인들의 어려움을 해결하고, 더불어 사는 사회를 만들어 갈 수 있습니다.

함께 토론해 보아요!

1. 아내가 치매이면서 얼마 살지 못한다는 것을 알게 된 뒤, 장군복 할아버지가 한 선택은 어떤 의미를 지닐까요? 세계 시민 관점으로 결말에 대해 토론해 봅시다.

2. 내가 노인이 되었을 때 어떤 환경을 맞고 싶은가요? 그런 노후 환경을 맞기 위해서 우리가 지금 할 수 있는 노력은 무엇이 있을까요?

3. 노인에 대해 내가 가졌던 이미지는 어떤가요? 내가 가졌던 부정적 이미지 혹은 긍정적 이미지에 대해 이야기하고 그렇게 생각했던 이유에 대해 토론해 보아요.

우리가 다름을 인정하고
지지와 친절을 선택한다면

< 원더 >

영화 〈원더〉는 2017년 12월에 개봉한 후 2021년 2월에 다시 재개봉을 했습니다. 주인공은 열 살 꼬마 어기입니다. 포스터를 보면 어기는 우주 비행사 헬멧을 쓰고 얼굴을 가리고 있습니다. 우주 비행사를 꿈꾸는 아이의 동심 가득한 이야기인 걸까요? 영화가 시작되고 어기의 독백이 흘러나옵니다. 어기는 또래 아이들처럼 게임과 아이스크림을 좋아하고 아빠와 장난치기를 좋아하는 평범해 보이는 소년입니다. 하지만 어기 자신은 "난 평범한 꼬마가 아니다. 평범하지 않은 생김새, 태어날 때도 평범하지 않았다."라고 말합니다.

어기는 안면 기형으로 태어났습니다. 열 살이 될 때까지 많은 성형 수술을 받았지만 얼굴 가득 흉터와 기형적인 모습이 남아 있어 우주 비행사 헬멧으로 얼굴을 가리고 다녔습니다. 포스터에서 어기가 우주 비행사 헬멧을 쓰고 있었던 이유죠. 평범하지 않은 외모 탓에 엄마에게 홈스쿨링을 받으며 집 안에서만 지내던 어기가 학교를 가게 되면서 어기와 가족에게 변화가 찾아옵니다.

어기는 가족들에게 사랑받는 아이입니다. 부모님은 어기의 가장 친한 친구이고 누나 비아 역시 부모님의 사랑을 필요로 하지만 동생 어기를 더 소중하게 생각합니다. 그래서 어기는 안면 장애가 있지만 누구보다 밝고 자신감 있게 자라지요. 〈원더〉는 학교를 다니며 안면 기형을 가진 어기가 외면의 한계를 극복하고 내면의 강함을 키우면서 친구들과도 잘 지내게 되는 과정을 보여 줍니다. 어기가 처음부터 친구들과 잘 어울릴 수 있었던 것은 아닙니다. 하지만 어기는 선한 마음을 가진 친구들에게 점점 마음을 열면서 성장해 나가지요.

영화의 주인공은 어기이지만 이 영화는 어기 주변에 있는 가족들과 친구들이 겪는 고민과 생각 또한 다루어서 참 좋았습니다. 누나 비아의 절친 미란다는 방학 때 새로운 친구들을 사귀면서 비아와 멀어집니다. 자신을 밀어내는 미란다의 태도에 상처를 받은 비아는 가족의 우선순위가 늘 어기라는 것에 속상해합니다. 그러나 어기가 속상할까 봐 내색하지는 않습니다. 엄마도 어기 때문에 포기했던 자신의 삶을 다시 시작합니다. 힘겨운 싸움을 하는 이들을 함께 지지해 주고 친절하게 지켜 주는 주변 사람들의 모습이 우리에게 질문하는 듯합니다. 만일 우리가 이들과 같은 상황이라면 과연 이렇게 지지와 친절을 선택할 수 있을지 말이지요.

어기의 졸업식 전에 아버지와 어기가 나눈 대화는 가슴을 뭉클하게 만듭니다. 어기가 학교를 다니면서 늘 쓰던 헬멧이 사라졌는데 사실은 아버지가 숨겨 놓은 것이었습니다. 왜 그랬냐고 묻는 어기에게 아버지는 "종일 헬멧을 쓰고 있어서 얼굴을 볼 수가 없어서 그랬다. 나는 너의 얼굴이 좋아! 내 아들이니까. 나는 너를 보고 싶었거든"라고 말합니다.

다름을 인정하고
지지와 친절을 선택해 주세요

장애를 가진 사람들 중 90% 이상이 사고나 재해 같은 후천적인 요인으로 장애를 갖게 되었다고 합니다. 사고나 재해를 당하면 우리도 한순간에 장애인이 될 수 있습니다. 여러분 '장애인'의 반대말을 혹시 알고 계신가요? '정상인'이라고 생각한 친구가 있을지도 모릅니다. 하지만 우리는 모두 '정상인'입니다. 장애는 신체적인 장애일 뿐 비정상이 아니라는 이야기입니다. 그래서 장애가 없는 사람들을 우리는 '비장애인'이라고 부릅니다. 장애인은 불편함을 가진 것이지 부족한 것이 아닙니다. 차별의 대상이 되어서도 안 됩니다. 누구나 한순간에 장애를 가질 수도 있는데, 우리가 장애인에게 정상이 아니라고 말할 수 있을까요? 그래서 '정상인' 대신 '비장애인'이라는 표현을 써야 합니다.

우리는 장애인과 얼마나 함께 지내고 있을까요? 거리에서나 학교에서 우리가 장애인을 만나는 일은 자주 있지 않습니다. 장애인이 얼마 없어서일까요? 그렇지 않습니다. 장애인들이 우리 생활 공간으로 나오지 못하고 있기 때문입니다.

영화 속 어기는 장애가 있지만 밝고 긍정적인 모습을 잃지 않았습니다. 그러나 학교생활을 시작하면서 친구들에게 외모에 대한 놀림과 괴롭힘을 당하면서 상처를 받죠. 외모가 조금 다를 뿐이지 어기는 과학에 뛰어난 재능도 있고 친구에게 먼저 다가가 손을 내밀어 주는 아이입니다. 오히려 어기를 괴롭히는 친구들은 어기와 자신의 다른 점을 포용하지 못했지요.

사랑스러운 아이 어기는 학교에 나와 많은 편견과 부딪혀야 했습니다. 이러한 부딪힘 때문에 실제로 많은 장애인들이 학교, 회사와 같은 사회, 생활 공간 속으로 나오지 못하고 있는 것입니다. 하지만 어기를 통해서 알 수 있듯이 장애라는 다름을 인정하고 지지와 친절을 선택하는 순간, 우리는 함께할 수 있게 됩니다.

어기의 친구들도 시간이 지나면서 차차 알게 됩니다. 어기 역시 우리와 같은 평범한 아이라는 것을요. 그리고 좋은 친구가 될 수 있다는 것을요. 그리고 친구들도 어기를 있는 그대로 인정하고 손을 내미는 순간, 더 없이 좋은 친구를 얻게 되지요. 우리는 어기의 친구들처럼 장애 뒤에 숨겨진 그 사람의 진짜 모습을 보려고 노력하고 누구도 배제하지 않아야 합니다.

우리도 일할 수 있어요!

12월 3일은 유엔이 정한 세계 장애인의 날입니다. 장애인의 인권을 생각하며, 장애인이 당당하게 사회에 나와 평범한 생활을 할 수 있는 사회를 만들고자 정한 날입니다. 사회에서 장애인은 권리를 가진 인간으로서 얼마나 함께하고 있을까요? 이를 보여 주는 사례를 살펴볼게요.

뇌성마비 장애가 있는 한 영국인이 1년 동안 1,923회에 걸쳐 일자리 찾기에 도전했다가 실패한 일이 있습니다. 리처드 셰익스피어라는 사람인데요. 그는 다니던 직장에서 해고를 당한 후 일자리를 찾기 위해 이력서를 우편으로 보내는 데만 180여 만 원을 썼습니다. 면접을 본 것만도 수백 차례가 넘는다고 합니다. 셰익스피어는 가능한 직종에 죄다 응모했지만 취업이 되지 않았습니다. 인권 선진국으로 알려진 영국조차 장애인이 취업하기는 무척 어려운 현실을 보여 주네요.

셰익스피어는 결국 취업을 포기하고 스스로 직업을 만들기로 합니다. 자신의 실패 경험을 살려서 취업 컨설턴트가 된 것입니다. 이 새로운 일은 셰익스피어에게 커다란 가능성과 성과를 안겨다 주었습니다. 다행히 셰익스피어는 자신의 한계를 돌파해냈지만, 여전히 많은 장애인들이 셰익스피어처럼 취업 문턱에서 좌절을 겪고 있습니다.

우리나라도 장애인은 취업하기가 힘든 현실입니다. 수치로도 알수 있습니다. 2019년에 장애인의 경제 활동 참가율은 37.3%로, 전체 인구의 64%보다 26.7% 낮습니다. 실업률은 6.3%인데 전체 인구 4.0%보다 2.3%가 높지요. 반면 장애인의 고용률은 34.9%로 전체 인구 61.5%보다 26.6%나 낮게 나타났습니다.

장애인들은 일자리를 갖는 게 인생의 목표이며 꿈입니다. 하지만 현실은 그들에게 냉혹하죠. 더군다나 코로나19가 길어지면서 장애인들의 일자리가 점점 좁아졌습니다. 중증 발달 장애인들도 매일 출근하면서 다양한 분야에서 일했지만 사회적 거리두기가 강화되는 시기에는 일자리를 잃은 경우도 많았습니다. 장애인의 일자리를 보장하기 위해 '장애인 의무 고용법'이 시행되었지만 여전히 시행률은 낮은 편입니다.

귀가 들리지 않아도 커피를 맛있게 만들 수 있고, 네일아트를 할수 있습니다. 신체가 조금 불편하지만 응대를 잘하고 IT분야에서 뛰어난 능력을 보일 수도 있어요. 어쩌면 장애인들은 신체의 장애보다 현실과 사회라는 장애물 때문에 더 힘든 게 아닐까요? 그 장애물을 걷어내면 그들의 '진짜 모습'을 발견할 수 있고, 더불어 살아갈 수 있습니다.

〈원더〉에서 어기는 입학하기 전에 교장 선생님을 통해 어기가 학교생활에 적응을 잘할 수 있도록 친구들을 소개받습니다. 많은 사람들이 어기를 배려해 주죠. 현실도 이렇다면 얼마나 좋을까요?

2021년 서울 강서구에 있는 '서진학교'가 서울시 건축상 대상을 받았습니다. 1979년 이 상이 제정된 이래 대학교가 아닌 학교 건물이 대상을 받은 것은 처음입니다. 서진학교가 건축상을 받을 수 있었던 이유는 일반 학교의 두 배 정도로 넓은 복도, ㅁ자형 구조로 만들어 외부로 나가지 않고도 다른 곳으로 이동이 쉽고, 건물 밖으로 나가지 않고도 바깥바람을 쐴 수 있는 테라스가 있고, 사고를 예방하여 계단마다 가벽이 세워져 있기 때문입니다.

일반 학교와는 조금 다른 모습이지요? '서진학교'는 지적 장애인, 발달 장애인 학생들이 불편하지 않게 학교생활을 할 수 있도록 만들어졌습니다. 이 서진학교는 지역 주민의 반대에 부딪혀 못 지어질 뻔했습니다. 2017년, 이 학교의 설립을 놓고 지역 주민들의 반발이 극에 달하자 장애 학생의 학부모들이 무릎을 꿇고 설립을 허락해 달라고 비는 모습이 보도되며 사회적 이슈가 되었습니다. 장애 학생의 부모들은 "지나가다가 때리시면 맞겠습니다. 그러나 학교는 절대로 포기할 수 없습니다."라고 호소했습니다.

지역 주민들이 학교 설립을 반대하는 이유는 이미 강서구에 특수

학교가 있다는 이유도 있었지만, 학교 부지에 한방 병원을 짓겠다는 지역구 국회의원의 공약 때문이기도 했습니다. 한방 병원을 지어 지역 주민의 복지에 이바지해야 한다는 것이었습니다. 또한 특수 학교가 생기면 집값이 떨어질 것이라는 주장도 있었습니다.

몇 년 전 MBC 휴먼다큐 〈사랑〉이라는 프로그램에서 장애인 수영선수 김세진 군과 어머니의 이야기가 나와 많은 감동과 분노를 함께 느끼게 했습니다. 태어날 때부터 두 다리와 오른손 손가락이 없던 세진군은 장애가 있다는 이유만으로 친부모에게 버림받았지만 다행히 양어머니에게 입양되었습니다.

어머니는 재활 치료를 위해 세진 군을 수영장에 보내고 싶었지요. 하지만 수영장에서 "더럽다", "재수 없다", "병 옮길 것 같다"라는 이야기들을 듣기도 하고, 물이 더러워질 것 같다며 받아 주지 않았습니다. 그러자 어머니는 매일 밤 6시간 동안이나 수영장을 청소했습니다. 세진이가 수영장을 다니게 된 것은 어머니의 노력과 희생이 있었기에 가능했던 것이지요.

이렇게 장애에 대한 편견과 선입견에 힘겹게 맞서는 부모님들의 헌신이 있어야만 장애인들도 조금씩 비장애인들과 함께 어울릴 수 있게 되는 현실입니다. 하지만 언제까지 부모들의 희생을 토대로 장애인들이 사회에 나오게 되어서는 안 될 것입니다. 장애인 역시 우리 사회의 구성원이므로 우리 사회가 장애에 대한 편견을 버리고 좀 더 불편하더라도 장애인을 위한 지지를 선택해야 합니다.

유엔에서 세계 장애인의 날을 제정한 것은 장애인이 소외된 약자이기 때문이죠. 장애 때문에 인간의 권리가 침해받는 것은 있을 수 없는 일입니다. 장애가 다양성으로 인정받고, 장애인 인권 회복에 우리 모두 더 많은 노력을 기울였으면 합니다.

함께 토론해 보아요!

1. 어기는 외적인 장애가 있음에도 친구들과 씩씩하게 잘 어울리는 성격을 지녔는데요. 나에게 외적인 장애가 있다면 어기처럼 씩씩하게 친구들과 잘 지낼 수 있을까요?

2. '결정장애', '벙어리장갑', 'ㅂㅅ', '외눈박이' 등 일상에서 의도는 없더라도 장애인 비하 발언과 표현이 많이 사용되고 있습니다. 우리가 쓰는 장애인 비하 발언은 무엇이 있는지 생각해 보고 대체할 수 있는 표현에 대해서 토론해 봅시다.
예) 벙어리장갑→엄지장갑

꼭 1등만이
가치 있는 건가요?

< 4등 >

2022년 2월 코로나19 시국에 막을 올린 베이징 동계 올림픽은 기대만큼이나 비판도 많았습니다. 올림픽 기간 동안 '더 이상 남은 경기에 참여하지 않겠다'고 보이콧을 선언한 나라도 있었고 우리나라도 크게 분노한 사건이 있었습니다. 쇼트 트랙 경기에서 우리나라 선수가 가장 먼저 결승선을 통과하고도 편파 판정 및 오심으로 실격 판정을 받아 금메달을 중국 선수가 차지했기 때문입니다. 메달을 기대한 국민들은 크게 실망하고 판정에 분노를 표했습니다.

무엇보다 가장 큰 실망감과 허탈감을 보인 것은 선수들이었습니다. 올림픽을 위해 4년간 노력했던 것이 편파 판정으로 인해 한순간의 물거품이 되자 국민들에게 죄송하다며 눈물을 보이는 선수도 있었습니다. 국민들은 열심히 최선을 다해 노력한 선수들에게 박수를 보내 주었습니다. 성적보다 더 중요하고 소중한 것은 선수들의 노력과 열정이기 때문입니다.

우리는 종종 성적, 성과만을 가지고 사람을 평가합니다. 특히나 스포츠 산업에서는 성적만큼 중요한 것이 없지요. 하지만 성적을 올리는 것은 바로 기계가 아닌 사람입니다. 좋은 결과물을 내기 위해 땀과 눈물, 그리고 만족과 행복을 느끼는 사람 말이지요.

영화 〈4등〉은 스포츠 기록 뒤에서 다양한 감정을 느끼는 사람에 대해 이야기합니다. 준호는 수영을 좋아하고 재능도 있지만 대회만 나가면 늘 '4등'입니다. 1등, 아니 3위권 안에만 들어 메달을 땄으면 하는 엄마는 준호에게 새로운 수영 코치 광수를 만나게 합니다. 광수는 학창 시절 촉망받던 수영 선수였지만 선수 생활을 그만두고 지금은 메달을 따게 하는 코치로 유명하지요. 광수는 준호와 준호 엄마에게 "1등은 물론, 대학까지 골라 가게 해주겠다."고 호언장담합니다.

광수는 준호 엄마에게 연습 기간 동안 수영장에 오지 말라는 출입금지 명령을 내리고, 어떤 방법으로 가르치더라도 반박하지 말 것을 요구합니다. 훈련을 받고 드디어 나간 수영 대회에서 준호의 기록은 '거의' 1등이었습니다. 1등과 0.02초 차이로 생애 첫 은메달을 목에 겁니다.

준호가 은메달을 따자 오랜만에 온 가족이 웃으며 화목한 시간을 보냅니다. 그때 준호의 동생 기호가 묻습니다. "형, 정말 맞고 하니까 잘한 거야? 예전에는 안 맞아서 4등한 거야?"라고요. 알고 보니 광수는 훈련을 하며 준호에게 언어 폭력, 신체 폭력을 가했던 겁니다. 그 후에는 맛있는 걸 사주거나 마사지를 해주며 "너 잘되라고 그런

거다.”라고 이야기합니다.

사실 준호의 엄마는 준호가 겪는 폭력을 눈치채지만 늘 4등에서 벗어나지 못하는 준호를 다시 보는 게 두려워 눈을 감아 버립니다. 1등이라는 목표로 인해 폭력은 ‘교육’이라는 탈을 쓴 채 정당화된 것이죠. 광수는 준호를 때리며 예전에 자신은 성적이 좋아서 잘 혼나지 않았는데, 다른 아이들과 함께 이렇게 혼났다면 더 잘되었을 거라고 말하지요. 그의 말은 진짜일까요?

사실 광수가 수영 선수를 그만둔 계기는 수영 선수로 반짝반짝 빛나는 앞날이 기대되던 학창 시절에 감독에게 무자비한 폭력을 당해서였습니다. 광수는 기자에게 감독의 학대를 신고하지만 기자는 도와주지 않고, 상처만 받은 광수는 수영 선수 생활을 그만두었던 것이지요. 자신도 폭력을 당해 수영을 그만두었음에도 어느새 훈련을 위해 폭력을 하는 어른이 되어 있었던 겁니다.

이렇게 계속되는 광수의 폭력과 이를 묵인하는 엄마 사이에서 준호는 고통받습니다. 결국 준호의 아빠까지 이 사실을 알게 되자 준호 부모와 코치인 광수 사이의 갈등이 최고조에 달합니다. 그러자 준호는 수영을 그만두겠다고 선언합니다. 엄마는 “네가 무슨 권리로 수영을 그만둬!”라며 울부짖는데, 지금까지 준호가 누구를 위한 수영을 하고 있었는지를 단적으로 보여 주는 장면이지요.

그럼에도 불구하고 준호는 정말 수영을 좋아하고 잘하기 때문에 포기할 수 없었습니다. 여태까지 엄마와 코치의 의지로 연습했지만 처음으로 자신이 하고 싶은 수영을 위해 1등을 하고 싶다는 생각을 합니다. 결국 준호는 스스로의 노력으로 1등을 거머쥐지요.

 ## 열정에는 등수가 없다

수영과 같은 스포츠 분야에서는 등수가 무척 중요합니다. 준호는 좋아하는 수영을 계속하기 위해 1등을 해야 하지요. 좋아서 하는 수영이고, 그저 수영장 안에서 반짝이는 빛을 보는 것이 좋은데 엄마는 메달을 원합니다. 과도한 경쟁에서 비롯된 일등주의 문화 때문에 준호는 이제 내가 좋아서 하는 수영인지 엄마가 하라고 해서 하는 수영인지 알 수 없어집니다.

그동안 국내 스포츠의 경기력 발전을 위한다는 명목으로, 강압적 코칭과 폭력을 휘두르는 것은 단기간에 성과를 냈습니다. 선수들이 겁먹고 두려워하고 공포감을 가지고, 맞지 않기 위해, 혼나지 않기 위해 미친 듯이 훈련을 하다 보니 아이러니하게도 결과가 좋았던 것입니다. 영화에서 코치 광수가 과거 선수 시절에 겪은 폭력을 비판하고 부정하면서도 경기력을 올리기 위해서는 폭력이 필요하다고 주장하는 모습에서 왜 스포츠계에 폭력이 정당화되고 대물림되고 있는지를 잘 알 수 있습니다.

하지만 그로 인한 병폐도 만만치 않았습니다. 그러나 그것을 크게 심각하게 여기지 않고 오로지 좋은 성적만을 본 것이지요. 준호는 폭력이라는 사각지대에 노출되어 불안해하는 학생 운동선수를 대변해 줍니다.

다행스럽게도 준호는 노력 끝에 '자신만의 수영'을 할 수도 있게 되었고 덩달아 1등까지 했으니 두 마리 토끼를 다 잡은 셈입니다. 결과만 놓고 본다면 준호는 1등을 했으니, 이 과정이 모두 1등을 하기 위한 여정이었을까요? 영화를 보면 알 수 있을 것입니다. 준호의 여정은 스스로 수영에 대한 열정을 깨닫는 과정이었다는 것을요. 1등은 그 여정 끝에 따라온 과실이었을 뿐이지요. 준호에게 더 값진 열매는 수영을 향한 열정과 '자신만의 수영'을 터득하여 즐기게 되었다는 것입니다.

우리가 좋아하는 일을 열심히 하고 있다면 그 분야에서 꼭 1등이 아니라고 해도 좌절할 필요는 없습니다. 아니, 인생은 스포츠가 아니니까요. 등수를 매기는 것 자체가 의미 없습니다. 누구나 출발점이

다르고 각자의 방식으로 다른 길을 걸어갑니다. 뛰는 사람도 있고 느릿느릿 걸어가는 사람도 있습니다. 어떤 방식이든, 자기 자신이 주체가 된다면 의미 있는 삶인 것이지요.

그러니 더 빨리 결과에 도달하기 위해 체벌과 같은 부정적인 방법을 쓸 필요가 없습니다. 또 아직 내가 좋아하는 일이나 잘하는 일을 찾지 못했다고 해서 좌절할 필요도 없습니다. 각자 자신이 좋아하는 일, 잘하는 일들을 찾아서 남과 비교하지 않고 거기에 열정을 쏟으면 그만인 것이죠. 우리는 한 줄로 서 있지 않습니다. '몇 등'의 자리가 아닌 자기만의 자리를 가지고 각자의 방식으로 빛날 수 있는 존재들입니다.

하지만 진실이 이러하다 해도 현실에서 우리는 늘 결과에 목을 매게 됩니다. 우리가 그러고 싶지 않아도 주변이, 사회가 그러한 결과에 목숨을 걸라고 이야기합니다. 마치 준호보다 더 1등을 간절히 원한 준호 엄마처럼요. 그렇다 보니 여전히 결과를 위해 아이들에게 체벌을 휘두르는 일이 일어나는 것이지요.

영화에서 광수 역시 체벌의 피해자였는데도, 그것이 결과를 위한 불가피한 선택이었다고 믿고 똑같이 준호에게 체벌을 휘두르는 걸 보면 얼마나 체벌이 뿌리 깊은 세뇌를 바탕으로 하는지 알 수 있습니다. 준호는 체벌로 1등이 된 것이 아닙니다. 수영을 향한 열정이 없었다면 준호 역시 광수처럼 체벌 때문에 그 좋아하던 수영을 오히려 그만두었을 수도 있습니다. 체벌은 결국 폭력일 뿐입니다. 준호가 1등을 하는 데 아무 도움도 되지 않았으니까요.

인권, 안전, 윤리 의식 등등. 결과만이 중시되는 사회에서는 이 많은 가치들이 상실되기 쉽습니다. 성과주의 사회 구조 속에서 오늘의 피해자는 내일의 가해자가 됩니다. 광수처럼요. 영화 〈4등〉은 그런 폭력의 대물림에 대해 잘 보여 줍니다. 실제로도 스포츠계에서는 성과주의를 내세워 코치와 선배들로부터 이러한 폭력이 자행되고 있습니다.

어릴 적부터 유독 운동을 좋아했던 운동선수 A씨는 폭력에 시달리다 끝내 극단적 선택을 했습니다. 국회 청문회에서 공개된 A 선수의 일기장에는 팀에 들어간 이후 수년간 당했던 신체적, 정신적 고통이 고스란히 담겨 있었습니다. 그럼에도 운동을 계속하고 싶어서 폭력을 알리지 못했던 A 선수는 팀을 옮긴 뒤에야 폭행 사실을 알릴 수 있었습니다. 스포츠인권특별조사단과 대한체육회 인권센터 등에도 차례로 진정을 냈고, 경찰 문도 두드렸습니다. 그러나 사건 해결을 위해 적극적으로 나선 데는 단 한 곳도 없었습니다. 오히려 운동을 하면서 그 정도는 다 맞으면서 한다는 인식을 내세워 그 선수가 운동과 훈련 과정을 버텨 내지 못하는 사람으로 취급했지요.

미취학 아동 시절부터 축구 선수를 꿈꾸던 저희 사촌 동생도 청소년 시절 본인보다 더 잘하는 선수를 경계하고, 폭력으로 기강을 잡는 것을 견디다 못해 프로에 입단하기 직전에 운동을 그만두었습니다. 실력과 성과만 중시하는 사회에 만연한 폭력을 우리는 더 이상 외면해서는 안 될 것입니다.

한국청소년정책연구원이 발간한 「한국 아동·청소년 인권실태 2018 기초분석보고서」를 박현선 교수가 재구성한 자료를 보면 17%의 아동이 '행복하지 않다'고 대답했다고 합니다. 그 아동들을 대상으로 이유를 물어보니, '학업 부담 때문'이라는 답변이 44.5%로 가장 많았습니다. 그다음으로 '미래에 대한 불안(19.6%)', '친구 관계 나쁨(9.3%)', '가정불화(8.1%)', '외모·신체 불만족(5.7%)' 순으로 이유를 말했습니다. '학업 부담'을 대답한 비율은 2013년 37.3%에서 2019년에 44.5%까지 해마다 늘어나고 있습니다.

또 다른 조사를 살펴볼까요? 전체 아동의 절반(52.4%) 이상은 '수면이 부족하다'고 응답했습니다. 잠이 부족한 이유로는 '야간 자율학습(10.1%)', '학원·과외(18.4%)', '가정학습(19.1%)' 등 공부와 관련된 응답 비중이 47.6%를 차지했습니다. 중고생에게 '죽고 싶다고 생각한 적이 있는지'를 물어보니 '가끔 혹은 자주 생각한다'는 대답이 33.8%나 나왔습니다. 그런 생각을 하게 된 가장 큰 이유로는 '학업 문제(37.2%)'를 꼽았지요.

이러한 조사에서도 나타나듯이 어린이, 청소년들은 학업에 많은 부담을 느끼고 좋은 성적을 내기 위해 잠도 부족한 상태이고 행복하지 않은 상황입니다. 입시 제도 속에서 많은 스트레스를 받고 있음을 알 수 있죠. "좋은 대학에 가야 성공해."라고 말하는 어른들의 기대에 맞추기 버거워하는 것이 잘 드러납니다. 꼭 체벌만이 폭력이 아닐 것입니다. 입시와 경쟁을 부추기는 사회 역시 아이들에게 폭력적인 사회일 것입니다.

 ## 어린이도 엄연히 한 인간으로 존중받아야 한다

어른들은 왜 그렇게 아이들에게 성과를 요구할까요? 부모 자신도 그런 성과를 요구받지 않는데 말이지요. 그것은 자신의 아이를 다른 사람으로 바라보기보다는 소유물로 보는 시각도 한몫합니다. '자신의 아이'가 '잘하지 못한다'는 것을 받아들이기 힘든 부모의 마음이 크게 작용한다는 것이지요.

아동이 부모의 소유물처럼 인식되는 세태는 심각한 수준입니다. 아동 학대를 '자녀 훈육'이라고 말하고, 자녀의 의사를 묻지 않고 가족이 자살하는 사건을 '동반 자살'이라고 지칭하는 것도 모두 자녀를 부모의 소유물처럼 인식하는 시각에서 나오는 표현입니다.

그러나 자녀에 대한 체벌도 엄연한 폭력이며, 자녀를 살해 후 자살하는 것을 '동반 자살'이 아니라 부모의 손에 죽임을 당한 것입니다. 아이를 자신의 마음대로 처우할 수 있다는 일부 부모들의 인식이 하루빨리 없어지는 사회가 오길 기대합니다.

어린이는 부모의 보호 하에 존중받으며 자라야 할 존재이지, 소유물이 아닙니다. 엄연히 인간으로서 권리가 있고 그 권리의 주인은 아동입니다. 아동의 권리를 부모가 마음대로 휘둘러서는 안 됩니다. 그러니 이제 아동의 행복을 부모가 결정하지 말고 아동에게 물어봐야 하지 않을까요?

유엔아동권리협약(UN Convention on the Rights of the Child)은 1989년 11월 20일 유엔총회에서 만장일치로 채택한 어린이·청소년 권리협약입니다. 우리나라를 포함해 현재까지 가장 많은 국가가 비준한 국제법이지요. 이 법에서 아동은 18세 미만이므로 대부분의 중고등학생 청소년들도 포함됩니다. 유엔아동권리협약의 기본 원칙은 아래와 같습니다.

- **비차별** 모든 아동은 본인과 부모, 후견인의 인종, 피부색, 성별, 언어, 종교, 정치적 의견, 출신, 재산, 장애 여부, 태생, 신분 등과 관계없이 동등한 권리를 누려야 합니다.
- **아동 최선의 이익** 아동에게 영향을 미치는 모든 것을 결정할 때는 아동의 이익을 최우선으로 고려해야 합니다.
- **생존과 발달의 권리** 아동은 특별히 생존과 발달을 위해 다양한 보호와 지원을 받아야 합니다.
- **아동 의견 존중** 아동은 자신의 잠재 능력을 최대한 발휘할 수 있도록 적절한 사회 활동에 참여할 기회를 갖고, 자신의 생활에 영향을 주는 일에 대해 의견을 말할 수 있어야 하며 그 의견을 존중받아야 합니다.

아이를 차별하지 않고, 아이의 의견을 존중하는 것은 국제법으로도 명시된 내용입니다. 아이의 의견을 존중하는 사회가 된다면 더 이상 체벌을 휘두르며 아이에게 성과를 요구하는 일은 없어질 것입니다. 우리 사회는 '장유유서'를 미풍양속으로 여기는 생활 양식이 굳어 있습니다. 장유유서를 '연령 차별'로 인식하는 사람이 별로 없는 것은 아동 인권에 대한 사회적 관심이 적다는 것을 반증한다고 볼 수 있습니다.

1등만이 아니라 4등도, 10등도, 꼴등도 충분히 행복할 자격이 있습니다. 그저 한 사람의 인간으로서 행복할 자격은 이미 충분하다는 걸 어린이와 어른, 사회 모두 알아야 합니다. 어린이의 의견을 묻고 존중하는 태도를 취하고, 어린이의 권리를 실생활에서 구현하기 위한 끊임없는 각성과 도전이 필요한 이유입니다.

함께 토론해 보아요!

1. 체벌이 필요하다고 생각하나요? '맞으면서 1등'해도 괜찮다고 생각하나요?

2. 스스로 폭력의 피해자임을 거부하고 선수촌을 이탈해서 수영을 중단했지만, 다시 제자를 때리는 코치가 된 광수. 그 폭력의 피해자인 준호도 다시 어린 동생에게 폭력을 행사하는 모습을 볼 수 있는데요. 되풀이되는 폭력을 끊어 내기 위해서는 어떤 노력이 필요한지 토론해 봅시다.

PART 03

기후 위기는
우리를

더는 기다려 주지
않는다

오늘날 우리가 마주한 가장 큰 도전은 바로 '기후 위기'를 해결하는 것입니다. 세계 곳곳에서 심각한 기상 이변이 나타나고, 수많은 생물종들이 급격하게 멸종되면서 생물 다양성이 붕괴되고 있습니다. 마치 카운트다운이 시작된 것 같은 위기감이 감돕니다. 하지만 절망의 옆에는 희망이 있다는 걸 잊지 마세요. 모든 영화의 위기 뒤에는 필연적으로 문제 해결 과정이 이어지니까요.

기후 위기 또한 마찬가지입니다. 세계 시민에게는 문제를 해결할 수 있는 힘과 지혜가 있습니다. 세계 각국이 지혜를 모아 석탄 발전소 폐쇄, 재생 에너지와 녹색 기술 개발, 도시 문제 해결에 적극적으로 나서고 있습니다. 많은 사람들이 제로 웨이스트, 채식 등을 실천하며 기후 위기를 해결하기 위해 앞장서고 있죠.

이 장에 나오는 영화를 통해 기후 위기를 이해하고, 어떻게 이 위기를 극복할지 고민해 보았으면 합니다. 여러분의 역할을 스스로 고민할 수 있다면, 인류는 기후 위기 극복에 한 걸음 다가간 셈입니다.

기후 위기를
누가 해결할 수 있을까?

< 지오스톰 >

▶

지구는 물, 토양, 깨끗한 공기, 안정적인 기후 등 인류와 뭇 생명체가 살 수 있는 환경 조건을 갖춘 보금자리입니다. 처음부터 모든 조건이 갖춰진 것은 아니었어요. 지금의 인류는 약 1만 년 전 마지막 빙하기가 끝난 이후에야 기후가 안정되어 농사를 시작할 수가 있었답니다. 인류는 농사를 짓고 정착하면서 도시 문명을 만들어 내고 현재까지 번영을 누려 왔습니다. 그런데 인류가 정착할 수 있게끔 그동안 안정되었던 이 기후 체계가 빠른 속도로 불안정해지고 있습니다.

기후는 생존의 기본 조건입니다. 이 기후가 불안정해질 때 우리는 어떤 일을 겪게 될까요? 영화 〈지오스톰〉에서는 컴퓨터 그래픽 기술을 통해 기후가 붕괴되면서 일어나는 다양한 양상을 보여 줍니다. 과장된 측면은 있지만 지구에서 사는 그 누구도 피해갈 수 없는 기후 위기의 본질을 살펴볼 수 있습니다.

"그 누구도 경고를 듣지 않았다. 바다의 온도 상승 패턴이 바뀌고 만년설이 녹았다. (중략) 2019년 허리케인, 토네이도, 홍수, 가뭄이 지구 파괴의 물결을 일으켰다. 우리는 단지 마을이나 해변을 잃은 것이 아니었다. 도시 전체를 잃었다. 이스트강이 맨해튼을 집어삼켰고, 마드리드에서는 하루만에 200만 명이 폭염으로 목숨을 잃었다. 멸종에 직면한 그 순간, 어떤 국가도 혼자서 이 문제를 해결할 수 없다는 것이 명백해졌다."

놀라지 마세요! 실제로 일어난 일이 아닙니다. 영화 〈지오스톰〉의 시작을 알리는 한 소녀의 독백일 뿐이에요. 다행히 인류는 아직 안전하다는 설명이 이어집니다. 뛰어난 과학자들이 모여 지구의 기후를 조정하는 프로그램을 개발한 덕분이지요. 영화는 이렇게 고도로 발달된 기술 사회를 배경으로 시작합니다.

기후 조정 프로그램의 이름은 '더치 보이'. 소녀의 아버지 제이크는 더치 보이의 개발자이자 이 영화의 주인공입니다. 제이크는 영화가 시작하자마자 미국 정부가 더치 보이의 운영에 개입하는 것에 반발하다 해고당합니다. 그것도 공무원인 남동생, 맥스에 의해 말이죠. 형제는 크게 갈등하게 됩니다.

곧이어 심상치 않은 사건들이 일어납니다. 지구 전체를 빼곡히 둘러싼 더치 보이 위성들이 오류를 일으킵니다. 더치 보이 위성은 기후 재난을 감지하고 억제해야 하는데, 오히려 기온을 크게 올리거나 낮춰서 재난을 만들어 냅니다. 사태를 보고 받은 미국 대통령은 적임자를 찾아 문제를 빠르게 해결하라고 지시합니다. 적임자로 지목된 제이크가 결국 우주 정거장으로 향하게 됩니다. 여기서부터 영화의 무대는 우주와 지구로 나뉩니다.

잘 해결될 줄 알았지만 그것도 잠시, 위성 오작동이 더 광범위해지고 심각해지고 맙니다. 홍콩에서는 토양이 갑자기 뜨거워져서 도시의 아래에 매장된 가스 공급관이 연쇄적으로 폭발하며 도시가 붕괴됩니다. 브라질 리우데자네이루 해변에서 해수욕을 즐기던 사람들은 갑작스럽게 닥친 얼음 해일에 목숨을 잃습니다. 인구 1200만 명이 사는 도시 인도 뭄바이에는 거대한 폭풍이 불어옵니다.

지구 곳곳에서 기후로 인한 재난이 터져 나옵니다. 아무런 준비 없

이 재난을 맞는 사람들의 절망과 다급함, 간담을 서늘하게 하는 장면들이 이어집니다.

그리고 제이크와 맥스는 이 모든 비극이 기술 문제가 아니라, 누군가의 음모였다는 진실에 다가갑니다. 맥스는 지구에서, 제이크는 우주 정거장에서 범인을 찾고 더치 보이를 재부팅해 재난을 막아 내야 하지요. 그러나 시간이 얼마 남지 않아 오작동이 폭발적으로 늘어납니다.

급기야 우주 정거장도 부서지기 시작하고, '지오스톰 코드'가 발동하기 일보 직전이 됩니다. 이 지오스톰은 현대인이 걱정하는 기후 위기와 매우 닮은 모습입니다. 각 지역의 상황에 따라 빙하의 붕괴, 해일, 토네이도 폭풍, 슈퍼 태풍, 극단적인 폭염과 폭우, 혹한이 발생할 절체절명의 위기 상황인 것이지요. '지오스톰'의 카운트다운을 앞두고 형제가 본격적으로 문제 해결에 나서며 영화의 긴장감은 극에 달합니다.

지구에 있던 맥스는 국방 장관이 '더치 보이 운영 권한을 미국이 계속 갖고 있기 위해' 이 계획을 세웠다는 걸 알게 됩니다. 우여곡절 끝에 그를 저지하고, 형제는 지구와 우주 정거장에서 각자의 임무를 마칩니다. 아버지 제이크 덕분에 인류가 다시 무사하게 되었다는 소녀의 독백이 흐르면서, 영화는 평화롭게 마무리됩니다.

영화 〈지오스톰〉에서는 위성이 지구의 도시를 공격하지만, 현실에서는 지구의 기후 체계가 우리를 공격하고 있습니다. 대기와 해양이 불안정해지며 폭풍, 태풍과 폭우, 폭염 등 극한 날씨가 반복됩니다. 기온은 더욱 올라가고 빙하가 녹으며 해류에 영향을 끼칩니다. 해수면도 상승해 해안 도시들이 물에 잠기고 있지요. 육지에서는 가뭄으로 인한 식량난이 진행되고 있습니다. 우리는 이것을 '기후 위기'라고 부릅니다.

이산화탄소가 지구 온도를 오르게 하고, 곧 기후 위기를 불러온다는 사실은 이제 많이 알려져 있습니다. 여기서 더 깊이 기후 위기를 이해하기 위한 첫 번째 질문은 바로 이것입니다.

"인간은 지구에 어떤 영향을 미칠까?"

대다수 국가들이 농경 사회를 지나 산업화 단계로 진입한 지 오래입니다. 수많은 세계 시민들이 탄소를 배출하는 시스템에서 살고 있습니다. 석탄과 석유, LPG 등을 태워 에너지를 만들고, 제품을 생산하지요. 대기와 토양을 오염시키는 화학 비료와 축산업으로 식량을 생산합니다. 또 화석 연료를 사용하는 이동 수단을 타고 다니지요. 우리가 발전시킨 이 모든 생활 양식이, 온실가스 중 80%를 차지하는 막대한 양의 이산화탄소를 배출합니다. 즉, 인간이 지구의 기온을 빠르게 상승시키고 있는 것입니다.

구체적으로 살펴볼까요? 46억 년 지구 역사를 들여다보면, 약 1만

년 전 마지막 빙하기가 끝난 후에 지금까지 지구 기온은 4~5도 상승한 것으로 밝혀졌습니다. 무려 1만여 년이라는 시간에 거쳐 자연적인 이유로 기온이 오른 것이지만, 그 속도에 적응하지 못한 수많은 생물종이 멸종됐지요. 그런데 인간은 산업화를 이루며 막대한 이산화탄소를 배출시켜 지난 100년간 지구 기온을 1도 올렸습니다. 지구의 자연적인 변화보다 25배 더 빠르게 올린 셈입니다. 믿을 수 없을 정도로 기온이 빠르게 오르자 지구 역사상 가장 빨리 생물종이 멸종하는 중입니다.

생물종들의 멸종 속도가 점점 빨라지고, 과학자들이 경고하고, 기상 이변으로 인한 인류의 피해가 계속되자 그제야 세계는 기후 문제의 심각성을 인지합니다. 지구 기온의 상승을 막기 위해 머리를 맞대죠. 유엔을 통해 수년간 협의를 거쳐 2015년 파리 기후변화협약에서 다음과 같은 중대한 합의를 이룹니다.

"인간이 지구 기온에 영향을 미친 것은 과학적으로 확인된 사실이다. 이제 국가별로 기온 상승의 제한폭을 정하고 이산화탄소 배출을 줄이자."

이 합의에 따라 산업화가 되기 전을 기준으로 해서 기온 상승을 최대 2도 이내로 제한하자는 협약을 맺은 것입니다. 4년 뒤 2019년에는 과학적인 권고에 따라 1.5도로 상승 제한 폭이 결정되었죠. 이에 따라 이산화탄소 배출을 줄이기 위해 석탄 발전소를 폐쇄하거나 내연 기관차(석유를 사용하는 엔진 기반 자동차)를 판매하지 않도록 하는 법규를 만들며 노력하는 나라들도 있습니다.

그런데도 이산화탄소 농도는 연일 최고치를 기록하고 있습니다. 왜냐하면 이 협약을 준수하는 나라가 많지 않기 때문입니다. 민간 국제 기후정책 분석기관 '기후행동추적(CAT)'이 2022년 8월 각 나라의 이산화탄소 배출 감축 정책을 분석했습니다. 그 보고서에 따르면, 파리 협약을 이행할 수 있다고 추정되는 나라는 190여 개국 중 1개도 없습니다.

세계기상기구에 따르면 이산화탄소 농도 400ppm은 산업화 이전을 기준으로 해서 기온 상승 '2도'를 막기 위한 저지선이라고 합니다.

치명적으로 불충분 　 매우 불충분 　 부족 　 충분 　 파리 협약 실현 가능

📌 **전 세계 국가들의 기후 행동 추적 지도**
기후행동추적(CAT)는 세계 각국의 기후 위기 대응 정책과 실천을 수치화하여 평가하고 있습니다. 각국은 매월 '극히 불충분', '매우 불충분', '불충분', '거의 충분', '파리협약에 실현 가능' 등 5단계 중 하나의 성적표를 받습니다.

출처: "Climate Action Tracker(CAT)", 2022년 8월, https://climateactiontracker.org/countries/

농도가 더 높아지면, 기온이 2도 이상으로 오를 수 있다는 뜻입니다. 하지만 2019년 세계 평균 농도는 411.29ppm였습니다.

우리나라도 마찬가지입니다. 2012년에 처음 이산화탄소 농도 400.2ppm을 돌파한 후, 2020년 연평균 420.4 ppm를 기록하며 세계 평균보다 높은 농도를 보입니다. 우리나라는 온실가스 배출량 7위 국가로, 세계 시민들에게 '기후 악당국'이라 불리지요. 기후행동추적(CAT)의 보고서에도 우리나라의 국제 기후변화 대응 수준은 캐나다, 일본, 중국과 함께 '매우 불충분(Highly Insufficient)'하다고 평가되었습니다.

 ## 기후 위기는 나라를 고르지 않는다

인류가 오랜 시간 발전시킨 해상 무역, 항공 산업 덕분에 전 세계는 그야말로 지구 공동체가 되었습니다. 사람과 자원이 자유롭게 국경을 넘어 이동하고, 정치·경제·사회·문화 등 전 분야에 걸쳐 긴밀하게 영향을 주고받습니다.

그리고 2020년, 인류는 코로나19 감염병으로 인한 팬데믹을 경험했습니다. 팬데믹은 인류에게 '살아남으려면 전 세계가 함께 대응해야 한다'는 깨달음을 주었습니다. 도시, 국가, 대륙 차원을 뛰어넘는 바이러스에 대응하려면, 인류 또한 함께해야 생존할 수 있게 된 것입니다. 먼 나라에 사는 얼굴도 모르는 사람의 건강과 대한민국에 살고 있는 나의 건강이 서로 영향을 주고받는다는 걸 분명하게 자각했지요. 우리는 이것을 '상호 연결성'이라 부릅니다. 기후 위기의 피해와 해결도 상호 연결성을 떠올려 이해하면 좋습니다.

대표적인 사례를 소개하겠습니다. 2010년, 세계 최대의 밀 수출국 러시아는 기후 위기로 극심한 폭염과 가뭄을 겪었습니다. 흉작으로 러시아의 밀 생산량이 떨어지자 전 세계의 밀 가격이 60% 이상 폭등했습니다.

아랍 중동 국가들과 아프리카 국가들은 국제 시장에서 밀을 수입

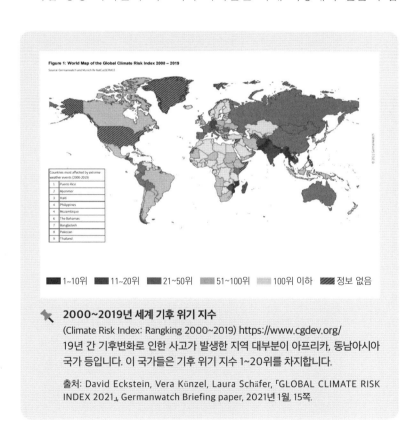

2000~2019년 세계 기후 위기 지수
(Climate Risk Index: Rangking 2000~2019) https://www.cgdev.org/
19년 간 기후변화로 인한 사고가 발생한 지역 대부분이 아프리카, 동남아시아 국가 등입니다. 이 국가들은 기후 위기 지수 1~20위를 차지합니다.

출처: David Eckstein, Vera Künzel, Laura Schäfer, 「GLOBAL CLIMATE RISK INDEX 2021」, Germanwatch Briefing paper, 2021년 1월, 15쪽.

해 주식으로 삼고 있는 곳이 많은데, 밀 가격의 폭등을 감당할 수 없었습니다. 굶주림에 지친 국민들이 반정부 시위에 나섰지요. 특히 시리아는 식량 위기가 불러온 내전 때문에 40만 명이 넘는 난민들이 생겼습니다.

수많은 난민이 살기 위해 유럽으로 향했고, 유럽 국가들은 난민을 수용하는 과정에서 다양한 사회 혼란을 감당해야 했지요. 같은 이유로, 예멘 사람들이 우리나라 제주도에 대거 이주해 난민 신청을 하기도 했습니다. 이 모든 것이 러시아 가뭄을 기점으로 도미노처럼 일어난 일입니다.

이처럼 기후 위기는 나라를 가리지 않고 찾아오지만, 인프라(상하수도와 공공 의료 시스템, 사회 복지, 에너지 효율이 높은 건물 등)가 잘 구축되지 않은 동남아시아, 아프리카, 인도 등의 나라들이 특히나 기후 위기에 취약합니다. 그렇기 때문에 각 나라의 상황을 세심하게 고려해서 위기를 극복해야 하지요.

이렇게 기후 위기를 인식하고 해결하는 것도 상호 연결성, 상호 의존성을 이해하고 시작해야 합니다. 각 지역, 생물종별로 기후 위기의 양상과 속도가 다르게 나타나기 때문입니다. 하지만 결국 그 누구도 기후 위기를 피할 수 없다는 것은 분명합니다. 영화 〈지오스톰〉에서는 미국의 백인 형제가 인류를 구하지만, 현실의 기후 위기는 하나의 국가, 한 명의 영웅이 결코 막아 낼 수 없습니다. 우리 모두가 작은 영웅이 되어야 하지요.

지구라는 행성에서 함께 살아가는 세계 시민은 기후 위기에 대해 모두 각자의 역할을 가집니다. 우리는 기후 위기를 해결하는 데 어떤 페이지를 맡아 쓸 수 있을까요? 세계 시민인 청소년 여러분이 자신이 속한 곳(학교, 단체, 동아리 등)에서 어떠한 역할을 할 수 있을지 고민해 봅시다.

함께 토론해 보아요!

1. 기후와 날씨는 어떤 차이가 있을까요? 기후 위기란 무엇일까요?

2. 세계 시민은 국가를 넘어 연결되고 소통하는 사람들을 말합니다. 영화와 마찬가지로 기후 위기가 시작된 국가들이 있습니다. 기후 재난에 시달리는 국가와 구체적인 현상에 대해 이야기해 봅시다.

대도시에서 제로 웨이스트가
가능하다고? 그것도 즐겁게?

< 노 임팩트 맨 >

▶

최근 지구에 무해한 삶을 살고자 하는 사람들이 많아지고 있습니다. 일회용 쓰레기를 만들지 않기 위해 텀블러, 면 생리대, 면 마스크를 쓰고, 채식을 하거나 가까운 거리에서 생산하는 식품을 사지요. 이 행동들은 기후 위기 시대에 널리 알려진 상식이 되었습니다. 하지만 이러한 실천이 조금 낯설었던 과거에는 어떤 사람들이 먼저 '무해한 삶'을 추구했을까요?

2006년, 전 세계에서 가장 크고 유명한 도시 중 하나인 미국 뉴욕시에서 조금 특별한 1년을 보낸 가족이 있습니다. 콜린과 미셸 부부, 두 살배기 딸 이사벨라(2022년 기준 19살)입니다. 세 명은 1년간 탄소를 배출하는 생활을 중단하고 지구에 악영향을 끼치지 않겠노라고 선언합니다. 육아를 하고, 직장에 다니며, 뉴욕 한복판의 아파트에서 거주하면서 말이죠. 그들은 그 실천을 통해 긍정적인 영향을 주기 위해 노력합니다. 이른바 '노 임팩트 프로젝트(No Impact Project)'의 시작입니다. 영화 〈노 임팩트 맨〉은 이 프로젝트를 처음부터 끝까지 담아낸 다큐멘터리입니다.

뉴욕에서 쓰레기 없는 삶, 정말 가능한가요?

영화 〈노 임팩트 맨〉은 다큐멘터리 중에서도 '다이렉트 시네마' 장르로, 대상이나 상황에 최대한 개입하지 않고 그저 관찰하고 기록하는 영화입니다. 때문에 프로젝트 리더인 콜린이 세운 단계별 실천 계획을 그대로 따라서 영화가 흘러갑니다.

프로젝트는 몇 가지 원칙을 세우는 것으로 시작되는데요. 가장 눈에 띄는 것은 역시 '제로 웨이스트(Zero Waste)'입니다. 말 그대로 쓰레기를 배출하지 않고 생활하는 거지요. 쓰레기에는 화장실 휴지, 음식물 쓰레기, 그리고 딸 이사벨라의 일회용 기저귀도 포함되지요. 이들은 생활에 필요한 모든 것을 반영구적으로 쓸 수 있는 대체 소재로 바꾸거나 아예 사지 않습니다. 음식물 찌꺼기는 지렁이에게 먹이죠. 실천 목록도 세웁니다. 저 멀리 타국의 원두 농장에서 생산된 커피도 1년간 안녕이네요.

프로젝트 6개월 차, 전기를 최소한으로 쓰는 데 돌입했습니다. TV, 세탁기, 오븐, 냉장고 등 생활 가전들을 그만 씁니다. 현대 사회에서는 집안일의 대부분을 가전제품으로 해내는데요, 이제 가정을 돌보는 데 더 많은 에너지가 필요해진 것입니다. 이들은 욕조에 들어가 함께 빨래를 밟고, 아프리카 방식의 무동력 냉장고를 고안하는 등 프로젝트를 이행하고자 고군분투합니다.

프로젝트 9개월 차, 집안의 전기 차단기가 완전히 내려졌습니다! 작은 태양광 패널에서 얻은 전기로 꼭 필요한 업무를 하고, 밤에는 촛불을 사용합니다. 휴대폰 충전도 제대로 할 수 없어 속상한 시간도 이어지지만, 가족들은 때로는 싸우고 때로는 지지하며 프로젝트를 이어 나갑니다.

프로젝트 자체는 순조로워 보입니다. 그러나 영화는 다른 영향(impact)에도 시선을 둡니다. 이 가족의 실천이 이웃, 사회에 주는 영향이죠. 사람들은 뉴욕 한복판에서 탄소 배출을 하지 않는 삶이 가능하냐며 이들을 비판합니다. 환경 운동가들은 개인의 실천만으로는

지구를 지킬 수 없다며 진정성을 의심하죠. 영화는 모든 논쟁을 조용히 담아내는데요, 다행히 부정적인 영향만 주고받은 것은 아닙니다.

이 가족은 프로젝트의 진정한 의미를 찾기 위해 다른 사람과 소통하는 걸 주저하지 않습니다. 이미 노 임팩트를 실천하는 농장에서 머물기도 하고, 뉴욕시 공공 텃밭에 친환경 농사를 짓는 이웃과 친구가 됩니다. 또 도심 쓰레기를 처리하는 과정에서 생기는 환경, 노동, 교통 문제에 오랫동안 매달린 운동가들과 도시 구조에 대해 대화합니다. 모두 다른 분야처럼 보이지만 사실 연결되어 있었습니다. 콜린은 이런 사실을 고백하며 프로젝트를 성공리에 마칩니다.

"우리는 지금 지속 가능하게 살 수 없어요. 도시에 커뮤니티가 붕괴됐기 때문입니다. 커뮤니티가 없으면 우리 중 누구도 다른 사람에 대해 책임감을 느끼지 않아요. 전에는 몰랐는데, 연결되어 있는 걸 깨닫게 되어 기쁩니다."

즐겁게 하자!
제로 웨이스트 라이프

〈노 임팩트 맨〉은 2015년 파리협약이 이뤄지기 이전에 제작된 영화입니다. 2006년 당시에는 기후 위기를 인정하지 않으려는 사람들도 많았고, 과학적인 이해도도 지금보다 훨씬 낮았습니다. 기후 위기를 인정하는 사람들도 도시에서는 지속 가능한 삶을 추구하기 힘들었고요. 기온 상승 제한을 위한 가이드라인도, 탄소 배출을 줄이기

제로 웨이스트 물품들.
재사용할 수 있는 용기들로
구성되어 있다

© Hannahdobrott
출처: 위키미디어 커먼스

위한 사회 정책도 거의 없었기 때문입니다. 2006년 당시 콜린, 미셸, 이사벨라 가족은 오직 직접 공부하고 신념에 따라 프로젝트를 준비 해야 했을 거예요.

심지어 텃밭을 가꾸던 절친한 이웃조차 플라스틱 봉투를 쓰지 않 겠다는 네 행동보다, 플라스틱 봉투를 규제하라고 요구하는 정치적 행동이 더 필요하지 않겠냐고 충고하지요. 이 가족이 얼마나 많은 의 심과 비난, 고민 속에서 고군분투했을지 가늠해 볼 수 있습니다.

영화에서 콜린은 "해보지 않으면 알 수 없기 때문에, 직접 해보는 것이다."라고 반복해 말합니다. 이것은 중요한 부분입니다. 세계 시 민들이 길러 낼 도덕적 시각과 환경 보존에 대한 지식은 결국 실천과 참여를 통해서만 실현될 수 있습니다. 우리는 운이 좋게도, 영화를 통해 다양한 탄소 제로 방법을 간접 경험했지요. 또한 십 대 여러분은 2015년 파리협약 이후 각 도시와 나라들이 바꾸어 간 환경 정책에 조금씩 영향을 받기 시작한 세대이기도 하죠. 지금은 도시 곳곳에 공유 자전거가 비치되고 지역마다 탄소 발자국이 적힌 지역 식재료를 판매하는 장터가 있습니다. 그러니 우리의 실천은 〈노 임팩트 맨〉보다는 훨씬 쉬울 것입니다.

자, 이제 여러분은 어떤 환경 리스트를 만들어 실천하시겠어요? 누구에게 함께하자고 말하고 싶나요? 저에게는 음식물 쓰레기를 먹는 지렁이 키우기가 가장 까다로운 실천, 자전거 여행이 가장 즐거운 실천으로 보였답니다.

환경을 위해 대도시는 어떻게 변해야 할까?

우리의 실천이 이웃에게, 또 지구 반대편의 또 다른 시민에게, 다른 생물종과 지구에게 이로운 영향을 끼칠 수 있습니다. 단순한 환경 정의적 실천 다큐멘터리인 줄 알았더니 이 영화는 무척 유쾌하고 강렬한 메시지를 보냅니다.

영화 〈노 임팩트 맨〉은 이 명료한 메시지와 재기발랄함, 넘치는 현장감으로 개봉과 동시에 전 세계 유수의 영화제를 휩쓸었습니다. 영화 제작 과정도 무해했다고 해요. 〈노 임팩트 맨〉은 친환경 카메라만 사용해 자연주의 촬영법을 준수했고, 이동할 때는 자전거를 탄 채 촬영하는 등 '노 임팩트 제작'을 했습니다. 또 지금도 누구나 무료로 볼 수 있도록 유튜브에 공개되어 있지요.

기후 위기를 위한 실천은 자연 속에 살며 농사짓는 사람들만 할 수 있다고요? 아니요, 그렇지 않습니다! 이 영화가 '미국 뉴욕주의 뉴욕시 한복판'에서 촬영됐다는 사실을 잊지 마세요. 지구 기온을 상승시키는 온실가스의 80% 이상이 지구 면적 2%를 차지하는 대도시에서 배출됩니다. 이것은 곧 대도시 사람들의 지속 가능한 실천이야말로 위기를 극복할 열쇠라는 뜻입니다.

도시에서도 친환경적인 삶이 가능할 수 있도록 정책과 실천이 동시에 필요하죠. 현재까지 전 세계 1,500여 개 지역의 지방 정부가 이른바 '기후 위기 비상사태를 선언'하는 이유입니다. 코로나19로 인한 팬데믹에 대응하려 모든 공무원과 의료진들이 수년간 비상근무를 하고 비용을 투자했던 것처럼, 비상사태를 선언하면 인력과 예산을 기후 위기 대응에 집중할 수 있습니다.

뉴욕은 '세계 경제의 수도'라 불립니다. 미국의 첫 수도이자 유엔본부가 있고, 〈노 임팩트 맨〉의 도시이자 세계적인 오피니언 리더들이 모여 있죠. 그런 뉴욕에서마저 1990년에서 2015년 사이 온실가스 배출량을 8%밖에 줄이지 못했습니다. 도시의 인프라는 너무나 취약한 상태이지요. 이에 뉴욕주 의회는 2019년 기후 위기 비상사태를 선포하며 긴급 대응 예산을 편성했습니다. 2021년 9월에는 2050년까지 온실가스 배출 제로를 달성하는 통합적 환경 법안이 통과됐습니다. 2021년 큰 기상 이변으로 도시가 마비되고 지하에 사는 사람들이 숨지는 등 큰 피해를 겪었기 때문에 시민들은 이 계획을 전폭적으로 지지했습니다.

우리나라의 수도, 서울은 어떨까요? 서울은 전 세계에서 가장 이산화탄소를 많이 배출하는 40개 도시 중 하나입니다. 원전 하나 줄이기, 서울의 약속(2015년 83만 명의 서울 시민들이 CO_2 1인 1톤 줄이기를 서약하고, 서울시 또한 온실가스를 감축시키는 정책을 이행한다는 약속 캠페인), 태양의 도시 서울(신재생 에너지인 태양광 발전을 서울 도심에서 최대한 실현하려는 정책) 등 정책을 펼쳐 왔습니다. 에너지 절약, 재생 에너지 보급 확대, 시민 실천 사업의 일환입니다. 특히 전기, 수도, 가스를 줄이는 가구에게 에코마일리지를 주고 녹지를 늘리고 자전거를 보급하는 등 생활 정책들이 시민들에게 큰 호응을 얻고 있지요.

그러나 안타깝게도 아직 이산화탄소 배출량의 감소는 미미합니다. 2018년 서울시의 온실가스 배출량은 2005년 대비 4.5% 감소했을 뿐입니다. 뉴욕에 비해서도 턱없이 낮죠. 서울 시민들은 2050년까지 온실가스 배출을 제로로 만들 수 있을까요? 또 여러분이 살고 있는 지역은 어떤 실천 계획이 있습니까? 도시에 사는 우리 모두의 관심이 필요한 때입니다.

함께 토론해 보아요!

1. 영화에서 나온 다양한 노 임팩트 실천 중 도전해 본 것이 있나요? 1년짜리 목표를 세워 분명하게 실천해 보고 싶은 것이 있다면 무엇인가요?

2. 나에게 영향을 특별히 많이 주는 사람이 노 임팩트 프로젝트를 시도한다면 함께 실천할 수 있나요? 그 과정은 어떻게 진행될까요?

3. 친환경적인 삶을 살고 싶지만 그 의지를 가로막는 불편함이 있나요? 그렇다면 그 불편함을 해결하기 위해 어떤 제도가 있었으면 좋을까요?

● **쓰레기 만들지 않기** 대부분의 쓰레기, 특히 플라스틱으로 만든 일회용품 쓰레기는 잘 썩지 않고 자연 생태계로 흘러가 땅과 바다를 오염시킵니다. 도시 내에서 '안전하게' 처리되는 쓰레기도 문제가 많습니다. 우선 쓰레기를 처리하는 과정에서 막대한 메탄가스가 배출됩니다. 메탄가스는 이산화탄소보다 온실 효과가 30배 정도 높아 더욱 위험합니다. 현재 대도시 쓰레기 매립 시설은 대부분 인구가 많지 않은 지역에 있는데요. 대도시의 쓰레기를 소도시에서 처리하는 과정에서 불공정 논란, 건강 위협, 도시 환경 오염 등 문제가 끊임없이 생기고 있습니다.

● **자가 교통수단 이용하지 않기** 석유 연료로 움직이는 내연 기관차(엔진차)는 전 세계 온실가스에서 13.5%를 차지합니다. 걷거나 자전거를 탈 수 없는 상황이라면 지하철, 철도, 버스와 같은 대중교통을 이용해 최대한 탄소 배출을 줄여야 합니다.

● **로컬 푸드 먹기** 로컬 푸드(local food)는 '우리 지역'에서 난 음식을 말합니다. 음식의 재료가 해외에서, 또는 먼 지역에서 오려면 배, 비행기 등 화석 연료를 많이 쓰는 교통수단을 써야 해서 막대한 탄소가 생겨납니다. 이 거리를 '탄소 발자국'이라고 불러요. 우리가 먹는 모든 음식에는 탄소 발자국이 찍혀 있습니다. 탄소 발자국이 적게 찍힌 음식을 소비하는 것이 환경에 나쁜 영향을 덜 주겠지요?

● **쓸데없는 소비하지 않기** 과잉 소비는 곧 쓰레기를 만들어요. 또 이런 소비를 위해 수많은 의류, 가전제품, 물품들이 만들어지고 있습니다. 너무 많아 채 다 팔리지도 못하고 생산 공장이 있는 동남아시아, 아프리카 국

가의 강, 산, 도시에 쌓인 채 심각한 환경오염을 불러일으키고 있습니다.

● **전기 사용 줄이기** 도시에 사는 시민들 대부분은 전기 장치를 통해 냉난방을 하고 생활을 유지합니다. 크고 작은 사무실과 가게를 운영할 때도, 각종 생산 공장을 가동할 때도 전기가 필요합니다. 전기는 석탄 화력 발전소, LNG 발전소, 핵 발전소 등에서 생산되는데, 이를 위해 화석 연료를 연소시켜서 막대한 이산화탄소를 만들어 냅니다. 태양광, 풍력 발전 등 신재생 에너지를 사용한다 해도 전기의 절대적인 사용량을 반드시 줄여야 합니다.

● **물 아끼고 오염시키지 않기** 물은 생명의 근원으로, 식수가 없으면 어떤 생명도 생존할 수 없습니다. 물이 오염되면 강이나 바다 생명체들이 떼죽음을 당하거나, 기형이 생기고 인간의 식수, 농업수로도 사용이 불가능해집니다. 공장이나 축산 폐수는 법으로 관리되고 있는데요. 가정에서도 친환경 세제 사용, 샴푸 쓰지 않기, 약품 함부로 버리지 않기 등으로 실천할 수 있습니다.

● **사회에 환원하기** 개인의 실천을 넘어, 단체에서 자원봉사를 하거나 이웃과 환경 보호에 대한 지식을 함께 쌓는 활동 등을 뜻합니다. 쓰레기 줍기 동호회, 다회용 장바구니 무료 대여 캠페인 등 자발적으로 캠페인을 시작하는 사람들이 늘고 있습니다. 더 많은 사람들이 동참할 수 있는 다양한 프로그램을 직접 기획해 보는 것도 좋아요.

2006년 제작된 영화 〈노 임팩트 맨〉에서 천 기저귀를 차고 활보하던 아기, 이사벨라를 기억하나요? "녹색 세기의 아기네! The green century baby!"라고 찬사를 받은 이사벨라는 현재 청소년이 됐습니다. 세계 시민들에게 신선한 충격을 주었던 〈노 임팩트 맨〉이 개봉된 이후 십수 년이 흘렀습니다. 하지만 기후 변화는 더욱 심각해져, 이제는 '기후 위기'라고 불리고 있지요. 이사벨라와 같은 시기에 태어난 세계 청소년들은 모두 똑같은 의문을 갖습니다.

'어른들은 왜 행동하지 않지?'

마침내 그 질문을 직접 던지는 청소년이 나타났습니다. 2003년 스웨덴에서 태어난 또 다른 녹색 세기의 청소년, 그레타 툰베리입니다. 영화 〈그레타 툰베리〉는 더 이상 참지 않고 직접 행동에 나서는 이 청소년의 모습을 담습니다. 이를 통해 파리협약의 중요성을 되짚고,

약속을 이행하라는 중대한 요구를 되새기게 합니다.

 ## 녹색 세기 청소년들의 절박한 성장사

영화 〈그레타 툰베리〉는 2021년 개봉한 다큐멘터리입니다. 전 세계에서 가장 유명한 여성 청소년 그레타 툰베리가 기후 활동가로서 성장한 13개월간의 이야기를 담았습니다. 이야기는 그레타가 홀로 시작한 '결석 시위'에서 시작됩니다.

2018년 8월 20일, 그레타는 학교에 가지 않고 스웨덴 의회 앞 인도에 홀로 앉아 있습니다. 손수 만든 '기후를 위한 결석 시위' 피켓을 들고 말입니다. 스웨덴 의회는 우리나라로 치자면 여의도 국회 의사당입니다. 국회의원들이 일하는 곳이죠. 당시 9월에 열리는 국회 의

2018년 8월 스웨덴 의회 앞에서 시위하는 그레타 툰베리

ⓒ Anders Hellberg
출처: 위키미디어 커먼스

원 선거를 앞두고 있어 그레타는 기후 위기 대응을 요구하고자 시위한 것입니다. 시위는 첫날부터 시민들의 관심을 받습니다. 물론 "학생의 본분은 공부란다. 그런 건 '나중에' 해도 되잖니."라는 충고도 있지만, 그레타의 생각을 존중하는 언론들의 취재도 이어졌죠.

"스웨덴 여성 청소년이 '기후를 위한 결석 시위'를 시작했다!"

이 단순하고도 놀라운 소식은 언론과 SNS를 통해 전 세계로 퍼져 나갑니다. 마음속에 동일한 질문을 품은 청소년들이 곧바로 응답하기 시작합니다. 혼자 시작한 1인 결석 시위는 금세 여럿으로 불어납니다. 언론의 관심은 더욱 커지죠. 그레타에게 환경과 기후에 대해서 논의하는 세계 유수의 회의들에서 발언해 달라는 요청도 쇄도합니다. 유럽 정부 대표자들과 면담하기도 하고요.

그레타는 한결같이 하나의 메시지만을 말합니다. 오직 기후 위기의 심각성을 강조하며, 지금 당장 변화해야 한다고 말이죠. 강직한 눈빛으로 정치권과 기성세대를 꾸짖는 그레타는 순식간에 전 세계 기후 위기 이슈의 아이콘이 됩니다. 하지만 영화에서 비춰지는 그레타의 모습은 빛나는 스타와는 거리가 있어 보입니다. 가끔은 불안정하고, 대개 무뚝뚝합니다. 기후 위기를 제외한 다른 일에는 관심이 없고 자신의 인기에도 초연하죠.

사실 그레타는 아스퍼거 증후군을 앓는 발달 장애인입니다. 감독에게 8살 때 처음 기후 위기에 대한 과학적 진실을 알게 된 후 극도의 우울에 빠졌노라 고백합니다. 식사를 거부하고 실어증에 걸리기도 했다면서요. 이후 제로 웨이스트와 채식을 실천하는 '노 임팩트 걸'이 되었고, 결석 시위까지 나선 것이죠. 가족과 친구들의 따뜻한 격려와 지지가 큰 도움이 되었습니다. 영화는 이렇게 자신의 강박과 걱정을 사회에 알리며 성장하는, 존엄한 인간 그레타 툰베리를 비중 있게 조명합니다.

영화 말미, 그레타는 세계 각국의 리더들이 모여 기후 위기에 대응하는 '유엔 기후정상회의'에 초대받습니다. 가장 영향력 있는 회의지만 장소가 미국 뉴욕이네요! 그레타는 막대한 탄소를 배출하는 비행기는 절대 타지 않는데 말이죠. 그레타는 태양광 패널로 움직이는 작은 보트로 대서양 바다를 건너기로 마음먹습니다.

아주 작은 보트에 몸을 싣고 2주 동안 항해하는 여정은 힘들기만 합니다. 그레타는 배 안에서 "내가 가진 책임이 너무 무거워. 집에 가고 싶어."라며 울음을 터트립니다. 그러나 배에서 내려서는 곧 언제 그랬냐는 듯 의연하게 회의에 참석해 명연설을 남깁니다.

"당신들은(회의에 참석한 각국 정부 대표들) 내 꿈과 어린 시절을 공허한 말로 앗아갔어요. 그래도 저는 운이 좋은 편이죠. 사람들이 고통받고 죽어가고 있어요. 생태계가 무너지고 있어요. 우리는 대멸종의 시작에 서 있는데 당신들이 말할 수 있는 것은 끝나지 않는 경제 성장 신화와 돈뿐이라니! 어떻게 그럴 수 있죠?"

회의를 참석하고 나서 그레타는 회의장 밖에서 '탄소 제로 약속을 지켜라'는 기후 정의 시위에 참석합니다. 2019년 9월 이 글로벌 클라이밋 스트라이크(Global Climate Strike)는 한국을 비롯해 전 세계에서 동시다발로 진행됐습니다. 시위 행렬 속 16살 그레타를 비추며 영화

는 끝납니다. 영화 〈그레타 툰베리〉는 미숙하지만 자신의 역할을 찾아 행동하려는 청소년의 성장기이며, 한 인간이 사회와 상호 작용하며 성장하는 기록이기도 합니다. 그리고 저는 이렇게 말하고 싶군요. 녹색 세기 청소년들의 성장사라고요.

 ## 기후 정의,
젊은 세대의 보편적 문제가 되다

〈그레타 툰베리〉는 2015년 파리협약 이후에 나온 작품 중 가장 주목받는 기후 다큐멘터리입니다. 세계 각국 정부가 약속한 대로, 탄소 배출량이 잘 절감되고 있었더라면 좋았을 텐데요. 아쉽지만 이 영화도 희망이 아니라 불안으로 시작됩니다. '약속했으면서 왜 지키지 않는지 따지고 싶은 세대'가 영화의 배경이자 주인공이죠.

우리는 그레타를 통해 세계 시민의 자세를 살펴볼 수 있습니다. '자신의 신념을 태도로서 보여 주는 것', '시민 행동', '사회 참여'의 모습이지요. 가끔 상황이 정말 어렵고 엉켜 있을 때, 무엇이 잘못되었는지 정확하게 말해 줄 수 있는 용기를 지닌 사람이 필요하지요. 그레타는 자신이 그 역할을 해야 한다고 말합니다. 그래서인지 그레타가 등장한 뒤 수많은 언론이 그레타를 '탄광의 카나리아'로 비유했습니다. 오래 전 광부들이 탄광에서 일할 때 유독 가스 사고를 피하기 위해 가스에 민감한 카나리아를 데리고 함께 일했거든요. 그러니까, 다가온 위험을 감시하고 먼저 알려 주는 역할을 한다는 말이지요.

그레타가 그 역할을 해주었습니다. 또한 그 스스로도 성장했지요. 자신이 지닌 섭식 장애와 우울 행동을 긍정적으로 발전시켜 사회와 상호 작용했습니다. 그레타의 행동은 또래 집단에게 청소년도 사회에 기여할 수 있다는 메시지를 주었어요.

행동하는 청소년들, 기후 위기에 적극적으로 나서다

여러분은 기후 위기 불안을 떨치기 위해 무엇을 하고 싶은가요? 기후 정의는 이제 환경 운동가들만의 일이 아니라 젊은 세대의 보편적 문제가 됐습니다. 〈그레타 툰베리〉의 나탄 그로스만 감독도 '녹색 세기의 청년'에 가깝습니다.

1990년생인 그로스만 감독은 25살이던 2015년, 단편 영화 〈더 토스트 챌린지〉로 데뷔했습니다. 에너지 소비 문제를 꺼내 들어 큰 화제를 불러 모았죠. 이 영화는 토스트를 굽기 위해 올림픽 사이클 국가대표 선수 출신 로베르트 퓌르스테만이 자전거 페달을 굴려서 전기를 생산하는 내용을 담고 있습니다. 그로스만 감독은 이후 장편 데뷔작으로 〈그레타 툰베리〉를 제작했습니다. 기후 정의적 시선을 가진 그로스만 감독의 차기작도 무척 기대가 됩니다.

이렇듯 영화는 기록 매체의 성격을 강하게 지닙니다. 우리나라에도 많은 운동가들이 이렇게 사회 참여의 한 방법으로 다큐멘터리를 제작합니다. 환경 운동가이자 다큐멘터리스트로는 황윤 감독이 유명하죠. 최근에는 우리나라의 청년 기후 운동 단체 '청년기후긴급행동'에서 기후 부정의를 고발하는 다큐멘터리를 유튜브에 공개하면서 눈길을 끌기도 했습니다.

2015년 파리협약 이후 현재까지 기후 위기 대응에 있어 가장 진전된 논의를 한국에서 했다는 사실을 알고 있나요? 2018년 10월 인천 송도에서 열린 '기후변화에 관한 정부 간 협의체(IPCC) 총회'에서 말입니다! 당시 총회에서는 「기후변화 1.5도 특별 보고서(Report-Global Warming of 1.5°C-IPCC)」가 발표됩니다. 전 세계 6,000여 건에 달하는 연구 논문들을 분석한 이 보고서는 기후변화 현황, 온도 상승 폭에 따른 전망, 인류에 미칠 영향을 담아 작성됐습니다.

총회에 참여한 나라 모두가 '전원 합의'를 통해 보고서를 승인했습니다. 이제 기온 상승을 억제하기 위한 약속은 2도에서 1.5도가 되었고, 세계 각국 정부는 이산화탄소 배출량을 2050년까지 제로로 줄여야 한다는 과제를 이끌어 냈습니다. 사실상 이것이 이 보고서의 가장 중요한 내용이었죠. 당시 공동의장단은 총회를 취재하는 우리나라와 세계 각국의 기자들과 인터뷰를 진행했습니다. 어느 기자는 1.5도로 상승 온도를 제한하는 것이 현실적으로 가능한지를 물었습니다. 의장단은 이렇게 답변합니다.

"'된다' 또는 '안 된다'처럼 분명히 갈라서 답할 수는 없는 문제다. 우리가 알고 있는 물리, 화학 등 과학적 법칙을 고려해 봤을 때 아직은 가능하다고 평가됐다. 과학적으로는 된다. 그렇지만 정치적으로 가능한지 대답할 수 없다."

그의 말대로 정치적으로는 힘들었던 것일까요? 세계 각국 정부가 맺은 이 약속은 지금까지도 제대로 이행되지 않고 있습니다. 지금부터 2050년까지 꾸준히 탄소를 줄여야 하는데, 현재도 산업에서는 변화 없이 배출량을 거의 유지하는 실정입니다. 기후 위기를 막을 생각이 없거나, 혹은 젊은 세대에 그 책임을 지우는 것이지요.

참다못한 그레타가 매주 금요일 '기후를 위한 등교 거부'에 나선 이유이기도 합니다. 1.5도 기온 제한이 '정치적으로도 가능하도록' 목소리를 내는 것이죠. 이 1인 시위는 곧 전 세계 청소년이 참여하는 '미래를 위한 금요일(FFF-Friday For Future)' 시위가 됐습니다. 1년도 되지 않은 2019년 3월 15일에 호주, 유럽, 미국 등 92개국 1,200여 단체가 각국에서 동시다발적으로 글로벌 클라이밋 스트라이크에 참여

★ 2019년 3월 15일 샌프란시스코에서 기후 파업을 진행하는 청소년들

ⓒ Intothewoods7 출처: 위키미디어 커먼스

했습니다. 물론 우리나라에서도요.

한국에도 청소년기후행동(Youth for Climate Action)이 있습니다. 2019년 3월 15일 300여 명, 5월 24일 200여 명, 9월 27일 청소년 700여 명이 청와대와 서울시교육청 등에 모여 기후 시위를 벌였습니다. 여기에 그치지 않고 서울시 교육 정책을 총괄하는 교육감과 만나고, 문제 제기를 지속해 서울시교육청이 '생태 전환 중장기 계획안(채식 급식 선택권 도입, 탄소 배출 제로 학교, 기후 활동 지원, 기후 교육 지원 등)'을 발표하도록 이끌어 냈습니다.

2020년 3월 13일에 청소년기후행동 소속 청소년 19명이 기후 변화를 방치하는 정부와 국회를 상대로 위헌 소송을 제기했습니다. 이들은 소송을 제기하며 '기후 위기 방관은 위헌(헌법을 위반했다는 표현)'이라며, '국가의 미흡한 온실가스 감축 목표가 어린 세대의 생존권, 평등권, 인간답게 살 권리, 직업 선택의 자유 등의 기본권을 침해하고 있다'고 외쳤습니다.

절박하고도 정당한 이 요구에 귀를 기울이다 보면, 청소년보다 선거권을 비롯해 더 많은 권한과 의무를 지닌 세대로서 저도 죄책감이 듭니다. 또한 동시에 기후 위기를 극복할 수 있다는 용기도 조금씩 생겨나지요. 행동하는 청소년과 함께 인류의 역사를 바꿀 수 있을 것이라 믿는 이유입니다.

함께 토론해 보아요!

1. 기후 위기는 과거보다 현재에, 현재보다 미래에 더 심각해질 것으로 보입니다. 앞으로 살아갈 시간이 더 많은 청소년보다 상대적으로 위기감이 낮은 기성세대와 어떻게 대화를 하면 좋을까요?

2. 그레타는 탄소 배출을 직접 막을 법적 권한이 없는 청소년이지만 더 많은 청소년들과 연대하며 힘을 키우고 있습니다. 지금 내가 혼자 목소리 낼 수 없다면 누구와 함께 기후 위기에 대한 마음을 나누고 행동하고 싶나요?

3. 영화 내내 그레타는 미래 사회의 주역인 청소년, 가족의 돌봄이 필요한 발달 장애인, 학업을 이어 가야 할 학생으로서 역할 충돌을 겪습니다. 내가 지금 자주 부딪히는 역할 충돌이 있다면 무엇인가요?

태양광 에너지로
시작하는 생존기

< 마션 >

'무인도에 혼자 떨어졌을 때 챙기고 싶은 단 한 가지는?'

심리 테스트 중에서도 오랫동안 사랑받는 질문인데요. 이 심리 테스트를 최신 과학의 주제로 바꾼다면 '만약 화성에 혼자 남게 되면 꼭 있어야 할 것은?'이 될 수 있을 것입니다. 영화 〈마션〉은 그에 대한 대답을 보여 줍니다. 산소, 물, 식량, 에너지. 화성에서 살아남기 위한 이 요소들은 기후 위기가 현실이 되고 있는 상황에서 우리가 주목해야 할 사회의 변화를 담고 있습니다.

오염되지 않은 산소, 물, 식량, 그리고 탄소와 오염을 만들지 않고 생산되는 친환경 에너지는 미래 사회를 열어 나갈 열쇠이자 기후 위기를 극복할 방법이기도 합니다. 영화 〈마션〉을 보며 기후 위기를 극복하기 위해 인류가 고려해야 할 가장 기본적인 '생존 조건'에 대해서 살펴보겠습니다.

물도 산소도 에너지도 없는 행성에서 살아남으려면?

가까운 미래(2035년 경), 미국항공우주국(NASA) 소속 '아레스3 탐사대'가 화성에서 미션 수행 중입니다. 각자의 위치에서 화성의 토양과 날씨 등을 살피는데, 갑자기 거대한 모래 폭풍이 다가옵니다. 탐사대는 황급히 우주선으로 돌아가지만 안타깝게도 대원 와트니가 사고로 멀리 날아가 버립니다. 탐사대를 총괄하는 대장이 와트니를 찾으러 수색해 보지만 실종된 와트니의 생명 유지 장치는 신호가 꺼져 있습니다. 와트니가 이미 사망했다고 판단한 아레스3 탐사대는 눈물을 머금고 화성을 탈출합니다.

모래 폭풍이 잦아들고 화성의 아침이 밝았습니다. 한 남성이 화성 사막 한가운데서 꿈틀거립니다. 그는 바로 죽은 줄로만 알았던 와트니입니다. 의식을 되찾은 와트니는 홀로 화성에 남겨졌다는 상황을 금세 알아챕니다. 그리고 탐사대가 설치한 화성 기지에 들어가지요. 와트니는 무척 절망스러운 현실임에도 침착하게 상황을 점검합니다. NASA의 화성 탐사 계획상, 다음 탐사대는 4년 후에야 도착할 예정입니다. 4년 동안 어떻게 생존할 수 있을까요? 산소, 물, 식량, 에너지를 자체적으로 생산해야 할 것입니다. 또 자신이 죽지 않았다는 사실을 어떻게든 지구에 알려 화성에 오는 시간도 최대한 앞당겨야 하고요.

기지에 남은 식량을 확인하던 와트니는 진공 포장된 생감자를 발견합니다. 생감자는 그 자체가 씨앗인데요. 식물학자인 와트니는 감자 농사를 지을 수 있다는 사실에 기뻐합니다. 살 수 있을 거라는 막연한 희망이 확신이 되는 순간입니다. 영화는 산소, 물, 식량(감자), 에너지를 하나하나 확보해 나가는 와트니의 고군분투를 실감 나게 보여 주는데요. 와트니는 먼저 이산화탄소 고압 탱크를 기지에 연결해 생존에 필요한 산소를 확보합니다. 기존에 설치된 태양광 패널과 배터리를 통해 전기 에너지도 충전하고 전기차를 이용하죠. 로켓 연료에 기술을 적용해 물도 만들었습니다.

다음은 식량입니다. 식물학자 와트니의 실력이 발휘되는 순간이지요. 와트니는 기지 안에 비닐로 된 작은 온실을 만들어 화성 토양을 옮깁니다. 와트니는 기존에 대원들이 남긴 똥과 자신의 똥을 비료 삼아 토양을 비옥하게 만듭니다. 그 토양으로 밭을 일구고, 감자를 심

죠. 감자는 싹을 틔우고 광합성도 합니다.

그리고 마침내, 수십 년 전 우주인들이 사용한 패스파인더를 재활용해 NASA와도 소통합니다! 와트니가 살아남아 구조를 기다린다는 것을 알고 지구의 사람들은 깜짝 놀랍니다. 이때부터 이 영화는 생존기에서 구출기로 전환됩니다. 와트니의 생사는 이제 혼자만의 고군분투가 아닌 NASA 관계자들과 미국, 나아가 인류의 염원이 되죠. 지구에 있는 사람들은 모든 자원을 총동원해 와트니의 구조 계획을 세웁니다.

NASA의 전문가들이 밤낮으로 매달려 무인 식량 보급선을 개발하지만 실패합니다. 모두 좌절해 있을 때, 미국과 적대 관계인 중국이 비밀리에 개발한 발사체를 선뜻 내줍니다. 또한 지구에 귀환하던 아레스3 탐사대가 이 소식을 듣고, 모든 불이익을 감수한 채 기꺼이 구조에 나섭니다. 와트니 한 사람을 위해 모두 자원을 내놓고 위험을 감수하며 지혜를 모읍니다.

드디어 구조의 날, 세계인들이 TV 앞에, NASA 관제 모니터 앞에 모여 구조를 숨죽여 기다립니다. 마침내 와트니는 구조됩니다. 와트니와 탐사 대장이 우주 한복판에서 서로를 붙잡은 순간, 탐사 대장이 외칩니다. "그를 잡았어!" 이 소리는 통신 헤드셋을 통해 실시간으로 지구에 울려 퍼집니다. 지구의 사람들은 모두 얼싸안고 기뻐하지요. 어렵게 생존한 와트니 한 사람의 안녕이, 마치 인류 전체의 안녕과 맞닿은 것처럼 말입니다.

인류가 18~19세기 산업화를 이루고 전기를 쓰기 시작한 후 세계 인구는 폭발적으로 늘어납니다. 인구가 많아지자 자연스레 더욱 많은 에너지를 만들고 쓰게 되었지요. 인류는 화석 연료를 태워 에너지를 생산하고, 첨단 과학 기술을 보유하여 경제 발전을 이루고, 국제 무역을 통해 세계화까지 이뤄 냈습니다. 지금의 현대 사회가 탄생한 것이지요. 그러나 현대 사회에 쓰이는 에너지, 식량을 생산하는 방법, 각종 소비들은 막대한 이산화탄소를 배출합니다.

전 세계에서 이산화탄소가 발생하는 원인을 살펴보면 화석 연료에 의존하는 에너지 생산, 소비 부문이 전체 배출의 73%를 차지합니다. 그중 건물 에너지 비중은 17.3%인데 냉난방, 전자 기기의 사용으로 인한 것이죠. 자동차, 기차, 비행기, 배 등 모든 교통수단은 에너지 비중에서 16.2%를 차지합니다. 식량 생산 부문에서도 막대한 탄소가 나옵니다. 가축 사육과 쌀 재배, 농지 조성, 음식물 쓰레기 처리 등 식량을 생산하고 가공하는 모든 과정에서 탄소가 나옵니다.

원인을 알아보니 어떻게 해결할지 실마리도 보입니다. 바로 에너지를 생산하고 소비하는 방식을 바꾸면 되는 것입니다. 화성에서 와트니가 생존한 방식에서 아이디어를 얻을 수 있습니다. 화석 연료 발전 대신 영화처럼 태양광, 풍력 발전 에너지를 생산하는 것이 첫 번째입니다. 자동차도 석유 대신 전기로 움직일 수 있지요. 건물 냉난

🔖 덴마크 벤쉬셀 주변의 풍력 발전용 터빈 (2004년)

© Tomasz Sienicki 출처: 위키미디어 커먼스

방 효율을 높이는 기술도 지속적으로 개발해 적용하면 됩니다.

지구를 오염시키고 탄소를 배출하는 식량 생산 방식도 바꾸면 어떨까요? 공장식 축산을 하지 말고 채식을 자주 하고, 최대한 짧은 음식 수송을 위해 각 지역에서 먹거리 생산―소비 계획을 만드는 겁니다.

물론 80억 인구가 단번에 약속하기에는 쉽지 않은 과제죠. 석탄 발전에 의존하고, 식량 자급률이 20% 수준인 우리나라에서는 불가능한 목표처럼도 보입니다. 앞으로 커피나 와인은 물론 고기도 못 먹을 수 있고, 무인도에 챙겨 가고 싶은 취미를 잃게 될지도 모르니까요. 하지만 기후 위기를 극복한다는 것은 이러한 '문명적 전환'을 세계 시민이 모두 함께 도전한다는 말과 같습니다. 이미 세계 시민들이 2015년 파리협약 이후 도전하고 있어요. 수많은 과학자들이 이 도전을 위해 기술을 개발하고 있죠. 〈마션〉에서처럼요.

2015년 개봉한 영화 〈마션〉은 동명의 SF 소설을 기반으로 제작된 '어드벤처' 영화입니다. 영화의 제작 결정도 순조로웠고 실제 촬영도 70일 동안 이뤄졌는데, 할리우드의 큰 상업 영화치고는 짧은 기간이 걸렸지요. 그러나 촬영 전후로 1년 6개월이 소요됐습니다. 미항공우주국(NASA)에서 과학적 고증을 거쳤기 때문입니다.

영화에서는 이미 NASA에서 보유했거나 실증 중인 기술이 구현됐는데, 총 9가지 기술입니다. 바로 화성 기지(거주 공간), 식물 농장, 기지 안에서 물의 재사용, 산소 공급, 화성 우주복, 탐사 차량, 이온 추진, 태양광 패널, 방사성 동위원소 열전기 발생기 등입니다. 현재 상용화된 수많은 우주 기술처럼 지구를 더 깨끗하고 안전하게 만들 기술로 발전되기를 기대해 봅니다.

영화의 태양광 패널 4세트가 만드는 에너지 양은 84~120KW인데, 이는 약 40가구가 사용할 수 있는 전력입니다. 현재 상용화된 전력은 이보다는 낮은 수준이지만, 영화에 나온 패널처럼 높은 효율로 에너지를 생산하기 위해 많은 기술자들이 연구 중이랍니다. 머지않아, 작은 마을과 단지에서 태양광 패널을 통해 전기를 자립 생산할 수 있을 것으로 보입니다. 멀리 석탄 화력 발전소의 전기를 끌어와 쓰는 '화석 연료 문명'이 아니라, 사는 곳 가까이에서 모든 시민이 조금씩 생산하는 '재생 에너지 문명'으로 전환되길 기대해 봅니다.

영화 〈마션〉에는 또한 더 나은 미래를 꿈꾸는 희망, 서로를 향한 신뢰, 용기, 즉 인류애와 세계 시민 정신이 담겨 있습니다. 물, 공기, 식량, 에너지에 이어 '희망' 또한 생존의 조건입니다. 와트니는 누가 봐도 최악의 상황에서도 "나는 생존할 수 있어."라고 되뇝니다. 그리고 희망을 잃지 않고 지식을 총동원해 농사가 가능한 화성 기지를 구축해 냅니다. 음악으로 상징되는 유쾌한 '유머'도 잃지 않죠.

기후 위기를 해결하기 위해 지구에 사는 우리 역시 희망과 긍정적인 태도를 잊지 말아야 할 것입니다. 〈마션〉은 화성을 개발하자는 테라포밍적 상상이 담긴 이야기가 아닙니다. 돌고 돌아 지구로 귀환하는 영화죠. 〈마션〉이 기후 위기를 마주한 세계 시민에게 중요한 울림을 주는 이유입니다. 우리는 모든 자원을 총동원해 지혜를 모아 공동의 위협에 맞서 싸운 경험이 있습니다. 코로나19로 인한 팬데믹입니다. 이웃 나라의 의료 붕괴를 걱정하며 백신을 나누고 성금을 보내던 그때처럼, 전 세계 사람들이 생존을 위해 힘을 모은다면 우리는 기후 위기를 잘 극복해낼 수 있을 것입니다.

함께 토론해 보아요!

1. 예측하기도, 감당하기도 어려운 일을 겪은 적이 있나요? 누구와 해결했나요? 그 문제를 해결하는데 가장 큰 도움이 된 감정은 무엇인가요?

2. 전기를 위해 꼭 탄소를 발생시켜야 할까요? 전기 에너지를 생산하는 다양한 기술(발전 방식)을 조사하고, 지구와 우주에 무해한 발전 방식은 무엇인지 논의해 봅시다.

PART 04

미디어,
세계 시민이라면

반드시
잘 알아야 한다

미디어의 급속한 발달로 인해 오늘날 세계 시민들은 마음만 먹으면 지구의 이곳저곳을 온라인으로 방문할 수 있습니다. 지구 곳곳에서 일어난 일들을 영상이나 사진 등으로 접하고 공감과 댓글을 남기기도 합니다. 세계 시민들은 시간과 거리감을 뛰어넘는 미디어 세상 속에서 살아가고 있습니다. 미디어가 발달하고 성장하던 시기에는 미디어의 이점들이 주목을 받았는데요. 우리의 생활 속으로 미디어가 깊숙하게 침투한 지금 미디어로 인해 생기는 부정적인 면들도 적지 않습니다.

이 장에서는 여러분이 다양한 정보를 쏟아 내는 미디어에 현혹되지 않고 현명하게 사용하길 바라는 마음으로 영화를 선정했습니다. 그동안 자연스럽게 접했던 미디어의 이면을 일부러 들춰 보고 우리가 몰랐던 미디어의 문제점들을 생각해 보고자 합니다. 미디어를 만들고 움직이는 사람들의 의도에 대해서도 살펴보고 능동적으로 비판해 보는 기회가 되었으면 합니다. 이런 고민을 하지 않는다면 우리는 자칫 미디어가 원하는 대로 이끌려 다닐 가능성이 높습니다.

지속 가능한 미디어 생활을 위해서 올바른 정보를 선별하고 구분하는 잣대를 길러야만 할 것입니다. 그래야 안전하고 슬기롭게 미디어를 이용하는 주체로서 살 수 있을 테니까요. 여러분은 미디어 시대를 이끌어 갈 주역들임을 기억하고, 온라인에서도 윤리 의식을 갖춘 미디어 시대 속 세계 시민이 되길 바랍니다.

우리는 정말 SNS를
공짜로 쓰고 있는가?

< 더 서클 >

▶

여러분은 어떤 SNS(Social Networking Service)에 가입되어 있나요? 스마트폰만 있으면 누구나 SNS에 쉽게 가입하고 서비스를 이용할 수 있습니다. SNS는 나에 대해 알리고 사람들과 소통하는 공간입니다. 개인의 SNS에 올리는 게시물들은 한 사람의 취향과 경험이며, 그 정보들은 SNS라는 공간에서 계속 쌓이지요. 방대한 개개인의 경험들이 쌓인 SNS는 경험을 검색해 볼 수 있는 최적의 장소가 되었습니다. 단순한 정보보다 실제 사용자들의 경험을 담고 있기 때문에 원하는 것을 선택하는 데 큰 도움이 되지요.

SNS에서 취향이 비슷한 사람들과 소통할 기회도 늘어나면서 나를 좋아해 주는 팬들이 생기거나 영향력이 있는 '인플루언서(influencer)'가 될 가능성도 커집니다. 일부 연예인들은 중대한 소식을 알릴 때도 SNS를 활용할 만큼 영향력 있는 미디어 채널로 자리 잡았지요. 자연히 SNS를 제공하는 IT 기업들은 더욱 규모가 커지고, 회사의 이득을 위해서 사람들을 SNS 속에 더 많이, 더 오래 머물게끔 다양한 방법을 씁니다. 그 과정에서 생각지도 못한 문제들도 터져 나오지요.

2018년, 기술(tech)과 역풍(backlash)을 합성한 신조어인 '테크 래시(tech-lash)'라는 단어가 등장했습니다. 세계적인 IT 기업들이 사회에 부정적인 영향을 미치는 것에 반발심을 나타내는 용어입니다. 영화 〈더 서클〉에서는 테크 래시의 관점에서 미디어 회사가 표면적으로 추구하는 목적과 이면에서 추구하는 진실에 대해 이야기합니다. 우리가 무료로 이용하고 있다고 생각하는 SNS 서비스들은 정말로 무료일까요? 그 대가로 미디어 회사들은 우리에게 어떤 것들을 취하고 있는지 영화 〈더 서클〉을 통해 살펴봅시다.

 ## SNS에 전시된 한 직원의 삶

'서클'에 신입 사원으로 입사한 메이는 회사 대표 에이몬이 만든 초소형 카메라 덕분에 위기의 순간에서 생명을 구합니다. '서클'은 사람들에게 꿈의 직장이라고 불리는 거대 IT기업인데요. 에이몬에게 감사하는 의미로 메이는 회사에서 출시된 초소형 카메라를 달고 자신의 모든 생활을 SNS에 생중계하기로 결정합니다. 아침에 눈을 뜨는 순간부터 잠이 드는 순간까지 메이는 모든 일상을 SNS에 라이브 방송으로 공유했습니다. 초반에는 시청자가 많지 않았지만 어느 순간부터 시청자가 폭발적으로 늘며 메이는 모두가 주목하는 SNS의 인

플루언서가 됩니다.

하지만 메이의 라이브 방송으로 주변 사람들은 원치 않게 사생활이 노출되기도 했습니다. 소꿉친구 머서는 온라인에 개인 신상이 모두 노출되고 말지요. 거기다 머서가 메이의 추종자들에게 무리한 사생활 스토킹까지 당해 그들을 피하려고 도망치다 사고로 세상을 떠나는 사건까지 일어납니다.

'서클'의 대표 에이몬은 메이에게 투명한 공유 사회를 위해 초소형 카메라를 제작했다고 말했습니다. 그러나 보이지 않는 이면에는 미디어를 장악하고자 모든 사람들의 정보를 수집하려는 의도가 숨어 있지요. 회사의 지하 비밀 벙커에는 방대한 양의 개인 정보를 저장하기 위해 수십만 대의 서버가 있었습니다.

메이는 에이몬이 미디어 장악을 위해서라면 법을 어기는 일도 마다하지 않는 비윤리적인 사람이라는 사실까지 알게 됩니다. 과연 메이는 '서클'에서 일어난 이 모든 것들을 바로잡을 수 있을까요? 회사의 잘못된 경영을 고발하더라도 죽은 친구가 다시 살아서 돌아오지는 못하겠지만 말이죠.

SNS는 좋은 것일까?

여러분은 스마트폰을 계속 보고 싶다는 마음이 든 적이 있나요? 이상하게도 스마트폰은 계속 보고 싶게끔 만드는 무언가가 있습니다. 이것은 우연이 아니라는 것부터 먼저 이야기할게요. 자꾸 열어 보고 싶은 충동이 생기게끔 IT 회사에서 만들었기 때문이에요.

SNS를 하다 보면 모르는 사람의 게시물을 랜덤으로 추천해 준 것을 본 적이 있으실 거예요. 어떤 정보를 만날지 알 수 없다는 호기심은 자꾸 스마트폰을 보게 만듭니다. 그렇게 하나둘 클릭해서 타인의 삶을 구경하기 시작하면 어느 순간 시간이 훌쩍 지나가 버리죠. 방 안에서 클릭만으로 다른 사람의 다양한 삶을 구경하는 것도 재미있게 느껴지고요.

우리 생활 속에서 SNS의 영향력이 높아지면서 사람들은 더 자주 SNS에 접속하고 점점 빠져들게 됩니다. 영화에서도 나타나지요. 메이가 매일 공유하는 일상에 다양한 사람들이 관심을 갖습니다. 우리는 왜 타인의 삶에 더 많은 관심을 기울이고 계속해서 들여다보는 걸까요? 만일 저라면 메이의 '서클' 회사 생활이 궁금해서 보고 싶을 것 같아요. 꿈의 회사라고 불리는 곳은 어떤 특별함이 있을지, 그곳에서 생활하는 사람들은 어떤 사람일지, 궁금하고 부럽기도 하고 여러 마음이 들 것 같아요. 아마 사람들은 저마다 다른 이유로 메이의 일상을 보고 있겠지요.

그러나 SNS 세상에서 일어나는 일들로 행복감을 느끼기도 하지만 반대로 우울감을 느끼기도 합니다. 대다수 사람들은 행복하거나 특별한 순간을 SNS에 올릴 확률이 높기 때문이에요. 그래서 문득 SNS 세상 속을 들여다보면 지극히 평범한 내 생활이 초라해 보이기도 하지요.

SNS 속 게시물들을 보면 모두 행복하고 특별한 세상에서 사는 것 같다는 착각도 들고, 그런 순간들이 그 사람이 늘 겪는 일상이라고 인식되기도 합니다. 그러면서 그 사람의 삶과 내 삶을 비교하며 열등감 혹은 우월감을 느낄 가능성이 큰 것이지요. 한 조사 결과에 따르면 SNS에 자주 접속하는 사람들은 행복한 감정보다 우울한 감정에 휩싸일 가능성이 크다고 합니다.

그런데 메이의 라이브 방송은 멋진 순간들도 있지만 속상하고 화나고 슬픈 일상까지 공유되어서 사람들에게 더 특별하게 다가갔을 것 같아요. 꿈의 회사에 다니고 있지만 우리와 똑같은 감정을 느끼고 생활하는 메이에게 공감하기도 하고, 위로받기도 하고, 우리는 다 똑같은 삶을 살고 있다는 것을 확인했을 거예요. 내가 SNS에 게시하는 모습이 나의 전부가 아니듯 다른 사람들도 SNS에 올리는 모습이 전부가 아님을 안다면 조금 더 편하게 SNS 세계를 이용할 수 있을 겁니다.

글로벌 SNS 기업 메타(전 페이스북)의 수석 프로덕트 매니저로 일하던 프랜시스 하우겐(Frances Haugen)은 2021년도에 돌연 회사의 비윤리적인 관행에 대해 폭로합니다. "가짜 뉴스를 막기 위해 일하고 싶다"라는 포부로 입사했던 그는 왜 이런 선택을 하게 되었을까요?

'알고리즘'이라는 단어를 들어 봤을 거예요. 알고리즘은 어떤 문제를 해결하기 위한 방법과 절차, 명령 등의 집합을 말합니다. 하우겐은 페이스북의 알고리즘에 대해 사용자의 안전보다 '가짜 정보와 혐오 발언 그리고 사회 갈등과 분쟁'까지 조장하고 있다고 폭로했습니다.

또한, 인스타그램 앱 역시 내부 조사를 시행한 결과, 청소년들의 정신 건강에 유해하다는 점을 확인했지만 이에 대해 별다른 조치를 하지 않았다고 말했습니다. 청소년들에게 유해한 영향을 끼친다는 걸 발견했지만 회사는 달라지지 않을 거란 걸 하우겐은 알고 있었던 것이죠. 그래서 내부 고발자라는 손가락질을 받으면서까지 언론에 이 사실을 알린 것입니다. SNS 미디어를 운영하는 회사가 사용자의 안전보다 회사의 이익을 우선하는 모습이 영화 〈더 서클〉 속 이야기와 크게 다르지 않아 보이네요.

SNS의 사용자라면 관심 있는 분야의 연관 추천을 받아 본 적이 있을 거예요. 강아지 사진에 '좋아요'를 누르면 그 이후에 더 많은 강아지 게시물이 추천됩니다. 유튜브 영상을 볼 때도 보고 있는 영상과 유사한 영상이나 내가 좋아할 법한 영상들이 계속 추천됩니다.

우리가 하루에 인터넷에서 둘러보는 정보의 양은 어느 정도일까요? 개인의 관심사부터 생활에 필요한 것까지 꽤 많은 정보들을 찾아보고, 그 모든 것은 나의 데이터로 온라인 속 누군가에게 수집되고 있습니다. 수집된 정보는 내가 눈길을 끌 만한 맞춤형 광고를 만드는 데도 활발히 사용되지요.

〈더 서클〉의 회사에서는 사람들이 인터넷에 접속한 모든 기록은 물론이고 심지어 정치 성향까지 수집하려고 했어요. 실제 현실에서 내 정치 성향까지 파악해서 알고리즘을 통해 특정한 의도의 게시물들을 전달해 준다면 너무 끔찍할 것 같습니다. 영화 속 에이몬은 개인 정보를 수집하고 미디어를 장악해서 무엇을 하려는 것일까요? 사용자들이 남긴 온라인의 흔적은 마케팅은 물론이고 사업, 정치, 보안 기관에도 제공되는 등 다양하게 활용될 수 있습니다. 수집된 사용자들의 정보를 돈으로 환산한다면 천문학적인 숫자가 될 것입니다.

SNS가 우리의 정보를 이용하는 것은 명백한 사실입니다. 그러니 이제는 우리가 SNS라는 미디어를 더 현명하게 사용하려는 노력을 기울여야 하는 때입니다. 무분별한 사용보다는 어떤 목적을 위해 SNS를 이용하는지 스스로 명확하게 분별할 수 있어야 합니다. SNS 내에서 수집하는 정보들도 가입할 때 필수 요건이 아니라면 다 제공할 의무는 없습니다. 미디어를 이용하는 우리 스스로가 SNS의 한계와 좋지 않은 영향력을 명확하게 인지하고, 개인 정보 등에 대한 안전 장치를 마련하려는 노력을 기울여야 할 것입니다.

디지털 미디어가 지닌 영향력은 앞으로 더욱 커질 것입니다. 이제

SNS는 이 시대의 사회적 자본으로 당당히 인정받고 있습니다. 우리 나라 드라마 〈오징어 게임〉이 전 세계적으로 인기를 끌며 주연 배우들의 SNS 팔로워 수도 크게 늘었습니다. 드라마가 방영되기 전에는 40만 팔로우였던 배우 정호연의 계정이 현재는 2,300만으로 50배 이상 늘었고, 계속해서 늘어나는 것으로 보입니다. 인스타그램 팔로워 수가 곧 세계적인 스타 대열에 올랐다는 것을 증명해 주고 있는 것이지요. 하지만 SNS에 보이는 모습이 나의 전부가 아니듯, 팔로워 수가 나를 대변하지는 않습니다. 무한 경쟁에 매몰되지 않고 자기만의 기준과 가치관을 갖고 SNS 세상을 현명하게 즐겼으면 합니다.

함께 토론해 보아요!

1. 많은 사람들이 SNS를 이용합니다. SNS 속에서 내가 추구하는 이미지는 어떠한가요? 현실의 나와 같은 점, 다른 점은 무엇인가요?

2. 영화 속 메이는 특별한 의도 없이 SNS에 올렸던 게시물로 친한 친구를 곤란한 상황에 빠뜨리게 되었습니다. 우리가 생각하는 SNS의 좋은 점과 위협이 될 수 있는 점은 어떤 것이 있을까요?

3. 메이는 자신의 24시간을 사람들에게 공유했습니다. 우리는 평소 SNS에 대해 얼마나 의존하고 있나요? 나의 하루 생활에서 SNS에서 보내는 시간이 얼마큼의 비중을 차지하나요? 스마트폰이 없다면 나는 그만큼의 정보를 어떻게 채울 수 있을까요?

진짜보다 더 진짜 같은
가상 세상이 온다면?

< 레디 플레이어 원 >

전 세계를 공포로 몰아넣은 코로나19로 인한 팬데믹은 우리의 일상을 '비대면'으로 만들었습니다. 그러면서 만나지 않고도 다양한 체험을 하는 데 가상현실이 큰 두각을 나타냈죠. 또한 5G가 널리 쓰이면서 가상현실의 시대가 한층 앞당겨졌습니다. 사람들은 온라인 공간에서 만나 교류하였고, 가상의 세계에서는 상상을 뛰어넘는 다양한 활동이 시도되었습니다.

세계적인 K-Pop 가수인 BTS(방탄소년단)는 메타버스 플랫폼을 이용해 당시 신곡 '다이너마이트'를 발표했습니다. 가수 블랙핑크도 '제페토'에서 팬 사인회를 열었고, 플랫폼 내에 팬클럽을 구축해 활동하기도 했습니다. 미국의 유명 래퍼인 트래비스 스캇(Travis Scott)은 메타버스에서 콘서트를 열었는데, 콘서트에 동시 참여한 최대 접속자 수가 1,230만 명이었다고 합니다. 과연 현실이었다면 1,230만 명을 소화할 수 있는 물리적 공간이 있을까요?

이처럼 메타버스 플랫폼은 현실의 한계를 추월하는 공간이라고 할 수 있습니다. 사람들은 어떻게 현실과 가상 세계를 동시에 살아가게 될까요? 영화 〈레디 플레이어 원〉에서는 '오아시스'라는 가상 세계에서 살아가는 사람들을 보여 줍니다. 오아시스는 무엇이든 할 수 있고, 어디든 갈 수 있으며, 무엇이든 될 수 있는 그야말로 현실을 뛰어넘는 공간입니다.

불행한 현실보다
더 행복한 가상 세계가 있다면

영화 〈레디 플레이어 원〉 속 2045년의 지구는 지금의 모습과는 많이 달라 보입니다. 기후 변화, 식량 부족, 에너지 위기, 빈부 격차 등의 문제가 더 심각해진 미래가 그려지지요. 사람들은 일할 곳을 잃고, 살아갈 곳이 없고, 먹을 자원조차도 부족합니다. 지금도 심각한 기후 위기와 환경 문제의 결과가 어쩌면 영화 속 현실 세계일지도 모르겠습니다.

영화에서 사람들은 현실보다 오아시스 속 가상 세계를 더 우선하며 살아가고, 대부분의 시간을 오아시스에서 보냅니다. 근무 중인 회사원은 자기 캐릭터가 죽어 전 재산을 잃자 그대로 회사 건물 창밖으로 뛰어내리려고 합니다. 아이를 돌보던 엄마는 아이가 보채어 캐릭터가 죽자 소파 뒤로 넘어지며 VR 기계를 거칠게 던져 버립니다. 유치원에 다닐 만한 아이는 자기 캐릭터가 죽자 VR 기계를 벗고 분노에 찬 고함을 지르지요. 오이시스에 중독된 사람들은 가상 세계와 현실의 경계를 혼동하며 현실에서 부적응하는 모습들을 보입니다.

이러한 때 오아시스의 창시자이자 괴짜 천재로 불리는 제임스 할리데이는 강력한 유언을 남기고 세상을 떠나는데요. 바로 자신이 오아시스 속에 숨겨 둔 미션을 찾는 사람에게 오아시스의 경영권을 상속하겠다는 유언입니다. 경제적 가치가 어마어마한 오아시스를 상속받기 위해 사람들은 더욱 전력을 다해 가상 세계에서 많은 시간들을 보냅니다.

할리데이를 선망한 주인공 웨이드 역시 놀라운 집중력으로 미션을 풀어내요. 하지만 이를 저지하기 위해 IOI라는 거대 기업이 나섭니다. IOI는 오아시스 경영권 쟁취를 위해 수많은 사람들을 기계처럼 가둬 놓고 미션을 강행시키며, 가상 세계에서는 물론이고 현실에서도 나쁜 일을 서슴없이 하는 악덕 기업입니다. 영화 속 미래에는 많

은 질서가 무너졌기 때문에 가상 세계에서 비윤리적인 행위를 하더라도 처벌받지 않습니다.

영화처럼 현실보다 가상 세계를 더 진짜라 믿으며 살아가는 세상에서 현실과 가상의 경계가 무너진다면 어떨까요? 가상 세계에서 비윤리적인 행위를 서슴없이 해도 처벌이 없다면, 그것이 현실에도 혼동되어 일어나지 않을까요? 그렇게 되면 현실에서도 점점 비윤리적인 행위에 대한 양심의 가책이나 죄의식이 사라질 것입니다. 가상 세계에서도 윤리적인 가치관이 성립되어야 하는 이유이지요.

사람들의 꿈과 희망이 되어 준 오아시스를 지키고 싶지만 웨이드 혼자의 힘으로는 역부족이었습니다. 웨이드의 미션 수행을 망치기 위해 IOI가 현실 세계의 웨이드를 찾아 공격하기 때문인데요. 웨이드는 현실 세계에서는 자신을 헤치려는 IOI를 피해 다녀야 하고, 오아시스에서는 하루라도 빨리 미션을 성공해야 합니다. 위기의 순간, 웨이드는 가상 세계의 친구들과 현실에서도 소통하게 되면서 그동안은 보이지 않았던 '현실의 진짜 나'를 친구들에게 보입니다. 그리고 두 세계에서 공존하는 우정과 사랑의 힘으로 거대 기업에 맞섭니다. 어려운 현실에서도 우정과 사랑을 경험한 웨이드는 과연 무사히 오아시스를 구할 수 있을까요?

 ## 메타버스의 시대, 어떤 변화가 있을까?

미국의 컴퓨터 GPU 설계 회사인 엔비디아의 창립자 겸 CEO인

젠슨 황(Jensen Huang)은 개발자 이벤트인 'GTC(GPU Technology Conference) October 2020'에서 "메타버스의 시대가 오고 있다"라고 이야기했습니다. '가상', '초월'을 뜻하는 단어 'Meta'와 우주를 뜻하는 'Universe'의 합성어인 '메타버스(Metaverse)'는 가상 세상이지만 다양한 활동이 가능한 세상입니다.

메타버스란 말은 언제 처음 사용되었을까요? 1992년 미국의 SF 작가 닐 스티븐슨의 〈스노 크래시(Snow Crash)〉라는 소설에 처음 등장했습니다. 메타버스는 캐릭터를 이용해 단순히 가상현실을 즐기거나 게임을 하는 것에서 한 단계 더 진화한 개념이랍니다. 가상 세상에서 사회, 경제, 문화 활동까지 이루어지는 세계를 뜻합니다. 실제로 메타버스가 어떻게 쓰이고 있을까요?

미국의 조 바이든 대통령은 지난 대통령 선거 활동을 닌텐도 게임 '모여봐요 동물의 숲'에서 자신의 아바타를 활용하여 선거 운동을 했습니다. 미국은 자신이 지지하는 사람의 팻말을 집 앞에 세우면서 지지 의사를 표시하는데요. QR코드를 스캔하면 조 바이든을 지지하는 표지판이 게임 속 나의 집 앞에 세워지는 것이지요. 또, 그 이전 선거 때 힐러리 클린턴도 '포켓몬 고' 게임을 이용하여 오하이오 주에서 선거 운동을 진행했습니다.

중국의 여행 플랫폼인 '알리 트립'은 메타버스의 기술을 도입해 고객이 원하는 공간을 둘러본 뒤 예약할 수 있는 서비스를 제공합니다. 메타버스는 다양한 분야에서 활용되며 미래 경제의 판도를 바꿀 주축으로 움직이고 있습니다.

메타버스는 전 세계적으로 미디어 기업의 운영 방향에도 영향을 미칩니다. 2021년 10월 페이스북(Facebook, Inc.)은 회사의 이름을 '메타(Meta Platforms, Inc.)'로 바꾸면서 본격적인 메타버스 기업으로 거듭나겠다는 포부를 밝혔지요. 기업 '메타'가 소셜미디어 서비스를 준비한다고 하니 앞으로 가상 세계와 소셜미디어를 어떻게 접목할지도 기대됩니다.

우리나라 역시도 다양한 곳에서 메타버스가 적용되고 있습니다. 2021년 8월에는 국내 6개 대학교가 연합해 메타버스를 활용한 온라인 취업 박람회를 진행했습니다. 연세대학교 글로벌 인재대학에서는 개더 타운을 활용하여 4시간 동안 학생 100여 명과 메타버스 MT를 했습니다. 이후 설명회나 취업 특강, 교수와 학생들의 교류를 메타버스 플랫폼을 통해서 이어 갈 것이라고 전했습니다.

앞으로 가상현실 세계는 더 커질 것으로 예상되기에 미래에 메타버스가 어떻게 활용될지 기대됩니다. 사용자층은 더욱 증가하고 관련 산업들도 빠르게 변화에 적응하고 있습니다. 이런 시대를 살아가며 변화에 적응하는 능력도 중요하지만 비판적으로 수용하는 나만의 시각도 필요합니다. 이를 위해 내가 가진 생각이나 신념을 주기적으로 확인하려 하고, 자주 접하는 미디어에는 어떤 메시지가 들어 있는지, 그 속에 편향은 없는지를 질문하는 습관을 들여야 합니다. 디지털 미디어에 대한 자신의 생각을 정리하며 그 너머를 보려는 자세를 통해 자신의 시야를 꾸준히 넓혀 가기를 바랍니다.

발전하는 기술은 무조건 좋은 것일까?

영화 속 미래는 아주 오랜 시간이 지난 후에 실현될 것처럼 보입니다. 하지만 변화가 눈앞에 바로 나타나진 않더라도 이미 다음 단계로 기술적인 진화는 나아가고 있습니다. 영화 〈레디 플레이어 원〉 같은 세상이 찾아온다면 우리는 어떻게 살아갈까요? 사람들은 어떻게 연결되고 소통하며 행복을 찾아갈 수 있을까요?

영화에서 사람들은 먹고 자는 시간을 제외하고는 대부분 오아시스 속에서 생활합니다. 가상 세계에 접속하는 시간이 늘어날수록 현실에서 직접 사람을 만나 소통할 기회는 점점 줄어듭니다. 자연스럽게 따라오는 것은 소통의 부재로 인한 사람들 간의 불협화음일 것입니다. 현실 속 사람들의 대화는 현저히 줄어들 것이고, 타인에 대한 이해와 배려보다는 경계심 속에서 살아갈 가능성이 훨씬 높을 것입니다. 과거-현재-미래를 아우르며 소통하는 것이 중요한 이유는 우리가 공동체 속에 살아가고 있으며 기쁨이나 행복 역시 소통 속에서 찾을 수 있기 때문입니다.

한편 메타버스 안에서 새로운 세계가 구축되면서 현실에 있는 것들이 가상 세계로 들어가는 경우가 늘고 있습니다. 명품 브랜드 구찌(Gucci)가 제페토를 통해 버추얼 컬렉션을 판매하면서 브랜드와 제품을 메타버스로 확장했습니다. 제페토 캐릭터들이 구찌의 제품을 구입하면 자신의 캐릭터가 현실과 똑같은 구찌 제품을 착용할 수 있습니다.

현실에 있는 브랜드 상품들이 디지털로 확장되면서 우려되는 부분들도 있는데요. 바로 다양한 상표권 침해에 대한 문제입니다. 미국에서는 메타버스 게임업체 로블록스를 상대로 게임 내 불법 음원 사용에 대해 2천억 원 규모의 소송이 제기되기도 했습니다. 메타버스 플랫폼에서 사용되는 캐릭터의 옷, 신발, 액세서리와 더불어 캐릭터가 하는 행동들, 캐릭터의 춤들, 사용되는 음악 등이 창작자의 동의 없이 이용할 수 있는 것인지도 살펴봐야 할 것입니다.

우리나라의 국가지식 재산위원회에서는 신지식재산전문위원회를 통해 메타버스 세계의 디자인보호법과 저작권법의 조정 방안에 대한 논의를 진행하고 있습니다. 앞으로 관련 법 개정안이 확립된다면 그에 주목하며 현실과 메타버스 세계의 건강한 공존을 위해 어떠한 단계들을 밟아야 할지 더욱 고민해야 할 것입니다.

함께 토론해 보아요!

1. 영화 속 미래 세계는 더 이상 지구의 자원으로 살아갈 수 없는 세계입니다. <레디 플레이어 원>과 같은 사회가 된다면 어떤 방법으로 사회는 운영될까요?

2. 현재보다 더 과학 기술이 발달된 미래 사회에서 우리는 가상현실에서 대인 관계와 행복을 어떻게 만들어 갈 수 있을까요?

3. 가상현실이나 메타버스 플랫폼을 경험해 본 적이 있나요? 내가 이용했던 플랫폼들은 앞으로 우리의 현실에서 어떻게 적용되고 활용될 수 있을까요?

내 생각은 진짜
내 것이 맞을까?

< 트루먼 쇼 >

▶

코로나19로 인한 팬데믹으로 거리 두기가 시행되면서 직접 대면하지 않는 '언택트(untact) 문화'가 급속히 확산되었습니다. 자연스럽게 디지털 공간에서 미디어를 활용하는 영역은 훨씬 넓어졌고, 빠른 시간 내에 시민들의 삶에 자리 잡았지요. 인간관계도 온라인 공간에서 이루어지고, 그 일부가 미디어 속 공간으로 옮겨지며 새로운 관계의 형성까지 이어지고 있습니다.

우리는 또한 직접 경험할 수 없는 것들을 미디어를 통해 간접적으로 경험해 봅니다. 미디어로 많은 종류의 정보와 뉴스를 접하며 다양한 문제를 알게 되고 또 판단하게 되지요. 이렇게 쌓인 경험, 정보, 지식들이 자연스럽게 녹아들어 우리의 생각을 만들고 때로는 고정관념 역시 만들어 냅니다. 그렇다 보니 내가 보는 정보가 정확한지, 그 정보로 인한 내 생각과 가치관은 나의 것이 맞는지를 반드시 점검

하고 성찰하는 시간이 필요하지요.

이번에 함께할 영화는 한 사람의 삶을 좌지우지하는 미디어의 영향력을 그려 낸 영화 〈트루먼 쇼〉입니다. 주인공 트루먼의 생각이 어떻게 미디어에 의해 주입되어 만들어지는지 함께 살펴봅시다.

거대한 TV 세트장에서 삶을 사는 사람, 트루먼

자신의 의지와는 상관없이 개인 정보는 물론이고 생활의 일거수일투족이 미디어에 공개된다면 어떨까요? 바로 영화 〈트루먼 쇼〉의 주인공 트루먼 버뱅크의 이야기입니다. 트루먼은 모르는 사실이지만 태어날 때부터 서른 살이 될 때까지 그의 모든 사생활이 미디어를 통해 전 국민에게 방영되고 있었습니다.

일상에서 부자연스러운 일들을 몇 번 경험한 트루먼은 점차 자신의 삶을 누군가가 엿보고 있다는 느낌을 받습니다. 평온하고 위협적인 것은 없는 세계지만 어느 날 하늘에서 커다란 조명이 떨어지고, 죽었다고 생각했던 아버지를 다시 만나고, 라디오 주파수를 맞추다 보니 자신의 모든 행동들이 생중계되고 있는, 기이한 일들이 계속 일어나는 것이지요. 나처럼 평범한 사람에게 일어날 수 없는 일이라고 생각했지만 트루먼은 당연하게 흘러가는 평범한 일상에 물음표를 던집니다.

유명 PD인 크리스토프가 총괄하는 '트루먼 쇼'는 트루먼이 살게 될 카메라 속 세계를 창조하기 위해 섬을 통째로 촬영 세트장으로 만들어 버립니다. 이 세트장에서 자란 어린 트루먼은 콜럼버스처럼 다른 대륙으로 모험을 떠나는 것이 꿈입니다. 하지만 어린 트루먼의 꿈은 PD에게 방해만 됩니다. 섬을 벗어나면 리얼리티 프로그램을 촬영할 수 없으니까요. 자칫하면 세트장을 만드는 데 쓴 천문학적 금액을 손해 볼 수 있고요.

트루먼의 꿈을 꺾기 위해 PD는 충격적인 사건을 계획합니다. 바로 트루먼의 눈앞에서 아버지를 바다에 빠져 죽게 만드는 사건이었죠. 모험과 꿈의 장소였던 바다는 아버지를 죽게 만든 트라우마의 대상으로 변해 버리고 맙니다. 더 이상 트루먼은 바다를 건너서 섬을 벗어나려는 생각을 하지 못하게 되었죠.

어른으로 자란 트루먼은 자신의 세계가 이상하고 음모가 있다는

사실을 알아차렸지만 어디서부터가 진실이고 거짓인지 판단하기 어려웠습니다. 친구에게 하소연해 봐도 쇼의 출연진인 친구는 어리광을 부릴 나이는 지났다며 트루먼에게 철 좀 들라는 조언만 합니다. 트루먼은 포기하지 않고 자꾸만 이 세계를 떠나려 하고, 이에 PD와 출연진들은 새로운 계획을 준비합니다.

트루먼이 좋아하는 TV 프로에서는 인생 공부를 위해 집을 떠나려던 주인공이 불현듯 집과 가족의 소중함을 깨닫고 떠나지 못했다는 내용이 나옵니다. 트루먼이 접하는 모든 미디어에서는 계속해서 가족과 집의 소중함을 주입시키는 정보들을 무차별적으로 내보냅니다. 지금까지의 트루먼은 PD가 계획하고 미디어가 주입한 생각대로 항상 움직였는데요. 과연 트루먼은 미디어에 의해 조종되는 거짓의 세상에서 벗어날 수 있을까요?

영화에서도 '트루먼 쇼'의 비윤리성에 반대하는 첫사랑 실비아가 나오지만 막강한 미디어의 권력 앞에서 아무런 힘도 쓸 수 없는 상황입니다. 영화 속 설정이지만 트루먼 본인의 동의 없이 사생활을 모든 사람이 볼 수 있게 방영하는 것이 과연 괜찮은 걸까요? 미디어에서 주입한 세상을 강제로 살아가야 했던 트루먼의 인생이 가엽기까지 합니다.

군중을 선동하는 미디어에
통제되지 않으려면

영화 〈트루먼 쇼〉의 '트루먼 쇼'는 시청률 1위를 자랑하는 리얼리티 TV 프로입니다. 그만큼 많은 사람들이 이 프로를 시청한다는 뜻이죠. 트루먼의 일상을 보여 주는 방송이지만 그 안에서 다양한 생활용품의 광고 및 PPL이 활발하게 나옵니다. 트루먼의 아내는 심각한 순간에도 갑자기 미소를 지으며 엉뚱하게 특정 상품의 이름을 이야기합니다. 바로 프로그램 속에서 광고를 하는 것이지요.

이처럼 미디어에서 보이는 정보들은 시청자들의 기억에 깊게 각인됩니다. 우리도 미디어 광고나 연예인들이 사용하는 제품을 보면서 '사고 싶다'라는 생각을 한 번쯤은 해보았을 것 같아요. 특별한 사람들이 사용하는 물건을 구매하면 나 역시도 그들처럼 특별한 사람이 되는 것 같다는 심리적 요인을 자극하여 소비하고 싶다는 군중 심리를 이끌어 내는 것이지요. 무분별한 광고뿐만 아니라 미디어에서 전달하는 정보들에 대한 객관적인 검열이 필요합니다.

제2차 세계 대전을 일으켰던 독일의 독재자 아돌프 히틀러를 아시나요? 히틀러는 사상의 자유를 외치던 모든 이들을 체포하고, 언론도 통제했어요. 당시 언론을 맡은 선전 장관이었던 요제프 괴벨스는 독일의 미디어를 장악하고 군중을 선동하는 데 큰 역할을 합니다.

그 당시 대중을 선동하는 데 가장 중요한 도구는 TV 방송과 라디오였습니다. 광장이나 길거리에 라디오를 틀 수 있는 스피커를 설치

★ 요제프 괴벨스

© Heinrich Hoffmann
(1885-1957)
출처: 위키미디어 커먼스

했고, 이 스피커를 통해 국민들에게 히틀러를 지지해야만 하는 생각들을 심어 줍니다. 히틀러는 과거에 건설 노동자였고, 독일을 위해서 전방에서 싸웠던 군인이라는 점을 강조해 독일을 위하는 정치인이라는 긍정적인 이미지를 주입했어요.

1933년부터 1945년까지 12년 동안 미디어를 선동하는 지시가 7만 5천 건 내려졌고, 괴벨스의 뛰어난 마케팅 능력으로 독일 국민들은 히틀러에 대한 맹목적인 지지를 넘어서 광적인 신도들이 되어 버렸답니다. 심지어 제2차 세계 대전 때는 전쟁에서 밀리는 상황이었지만 괴벨스는 국민들에게 독일은 승리할 것이라고 이야기합니다. 그 방송을 들은 국민들은 실제 상황과 반대로 승리할 것이라고 확신했다고 합니다.

이처럼 미디어 매체를 탄압하고 조작하면 결국 미디어를 이용하는 사람들이 잘못된 정보를 사실이라고 믿게 됩니다. 우리가 살아가는 사회는 그 어떤 사회보다 미디어가 강력한 힘을 행사하는 시대입니다. 그렇기 때문에 미디어 매체들은 더욱 무거운 책임감을 갖고 올바르고 정확하며, 객관적인 정보를 전달하기 위해 노력해야 합니다.

미디어의 시대,
우리는 어떻게 미디어를 이용해야 할까?

버스나 지하철을 타면 대부분 스마트폰이나 태블릿PC를 하며 자신만의 미디어 세계 속에 들어가 있습니다. 우리가 하루 중 가장 많은 시간을 보내는 것은 단연코 미디어 세계입니다. 미국의 공학자인 윌리엄 데이비도우는 지금 시대를 '과잉 연결의 시대'라고 이야기했습니다. 과잉 연결 시대에는 일상생활과 커뮤니케이션이 온라인에서 이루어지고, 인간의 모든 활동이 온라인으로 연결되어 밀접하게 영향을 주는 시대입니다.

코로나19로 인한 팬데믹 상황 동안 아이들은 집에서 온라인으로 학습하는 경험이 늘었습니다. 수업이 온라인으로 진행되는 것은 물론이고 선생님의 전달 사항이나 친구들과 대화하는 것도 미디어를 통해 이루어집니다. 집 밖을 나가지 않더라도 웬만한 일들은 미디어를 이용해 모두 해결할 수 있습니다. 필요한 물건은 온라인으로 구매하고, 음식을 주문하기도 하며, 어떤 장소에 가고 싶다면 온라인 예약을 합니다. 음식점에서 주문하는 방법조차도 키오스크를 쓰는 곳이 늘어나고 있습니다. 이제는 미디어와 연결되지 않는 것을 찾는 쪽이 더 빠른 것 같습니다. 생활 곳곳에서 이용되는 미디어의 힘은 강력할 수밖에 없고 우리의 생각에도 다방면으로 영향을 줄 수밖에 없습니다.

어떻게 보면 지금 이 시대는 누구나 트루먼이 되기 쉬운 환경이기도 해요. 트루먼 쇼처럼 생각을 주입하고 행동을 바꾸려는 PD는 없지만 다양한 미디어들 속에서 나도 모르는 사이에 여러 가지 생각들을 주입받게 됩니다. 그렇기에 세계 시민이라면 미디어를 잘 파악하고 이용하려는 노력을 반드시 해야 하지요.

전 세계에서는 미디어를 잘 활용하기 위해서 어떤 노력을 기울이고 있을까요? 캐나다의 교육기관인 '미디어 스마트(Media Smart, https://mediasmarts.ca/)'는 매년 10월 캐나다 전 지역에서 디지털 및 미디어 활용 능력을 홍보하는 연례행사인 '미디어 리터러시 주간'을 개최합니다. 2021년에 16회를 맞이한 이 행사에서는 이용(Use), 이해(Understand), 참여(Engage), 접근(Access), 검증(Varify)이라는 5가지 테마를 갖고 진행되었습니다.

영국 정부는 2016년도 중등학교 정규 교과목으로 '미디어 연구(Media Studies)'를 선정했습니다. 영국은 미디어 교육의 전통이 깊고, 미디어로 인해 생겨나는 법 체계도 앞서고 있습니다. 다양한 미디어 유관 법과 사이버불링으로 인한 법 조항도 마련되어 있지요. 공영방송 BBC는 2007년 첫 활동을 시작한 뉴 스쿨 리포트(New School Report)를 통해 청소년들(11~14세)이 직접 제작한 뉴스를 방송하는 등 미디어 리터러시 활동을 적극적으로 펼치고 있습니다.

호주에서는 2010년도부터 '미디어 아트'라는 과목을 정규 교과목에 도입하여 창의적인 미디어 제작과 능동적인 표현력을 기르고 있습니다.

우리나라의 미디어 환경은 빠른 미디어 속도와 IT 기술력이 결합

되어 세계에서 선두를 달리고 있습니다. 그에 맞추어 시민들의 미디어 윤리 의식도 높아져야 할 것입니다. 우리의 의식이 기술 속도를 뛰어넘을 수 있도록 미디어와 관련된 사회 이슈에 열린 시각으로 지속적인 관심을 두어야 합니다. 스스로 미디어를 더 잘 이용하기 위해 비판하고, 참여하고, 연대한다면 우리는 더 나은 미디어 세상을 만들어 갈 수 있을 것입니다.

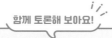

함께 토론해 보아요!

1. 내가 아는 미디어는 어떤 것들이 있나요? 그 미디어들은 나에게 어떤 정보들을 전달해 주고 있나요?

2. 유명 PD인 크리스토프는 트루먼이 세트장을 떠날 수 없도록 미디어를 통해 집을 떠나지 말라는 생각들을 지속적으로 주입합니다. 혹시 우리의 생각 중 미디어에 주입된 거라고 의심되는 생각들이 있나요?

3. 영화 속 트루먼은 자신이 살고 있는 세계를 꿰뚫어 보고 그 속에서 스스로 자신의 길을 찾게 되었습니다. 넘쳐 나는 정보의 홍수 속에서 우리가 신념과 가치관을 지키며 살아가기 위해 어떤 노력이 필요할까요?

미디어,
제대로 바라볼 수 있을까?

< 돈 룩 업 >

▶

비대면이 일상이 되면서 직접 경험하는 것이 줄어든 사회에서는 미디어가 유일한 정보원이며 개인의 가치관이나 고정 관념을 만드는 데 큰 영향을 미칩니다. 그렇기 때문에 미디어에서 정확하지 않은 정보들을 제공한다면 우리는 가짜 정보를 믿어 버리는 일도 생기겠지요.

미디어의 정확한 의미는 '한쪽에서 다른 쪽으로 어떤 것을 전달하는 역할'이라는 뜻입니다. 예를 들어 언론에서는 뉴스를 전달해 주고, SNS에서는 사람들이 올린 경험이나 정보를 누군가에게 전달해 주는 것과 같습니다. 다만, 미디어가 급격히 늘면서 이렇게 정보를 생산하는 곳이 상당히 많아졌기 때문에 제공된 정보가 신뢰성이 있는지를 꼭 살펴봐야 합니다.

몇 달 전 유튜브에서 톰 크루즈가 아이언맨이 된 영상을 본 기억이 있습니다. 영화 〈아이언맨〉의 영상이었지만 연기를 하는 사람의 얼굴은 주연 배우인 로버트 다우니 주니어가 아니라 톰 크루즈였지요. 이게 어떻게 된 것일까요? 바로 '딥페이크'라는 인공지능을 기반으로 한 이미지 합성 기술로 만든 영상이었던 것입니다. 정말 감쪽같이 합성된 영상이라 영화 〈아이언맨〉을 본 적이 없다면 톰 크루즈가 주인공이라고 생각했을 겁니다.

이처럼 사진, 동영상 등 재미있는 말과 행동을 온라인에서 소비하는 '밈'이라는 용어의 온라인 놀이 문화가 급속도로 퍼져 나가고 있습니다. 세계적으로 미디어의 사용이 더욱 활발해지면서 그 안에서도 새로운 문화가 생겨나는 상황이에요. 발달된 기술력으로 가짜 게시물 역시도 얼마든지 만들어 낼 수 있습니다. 밈이 된 정보는 사실 여부에 관계없이 재미만 있다면 온라인상에서 급속도로 퍼져 나가며, 일부는 그 정보를 진짜라고 믿기까지 합니다. 온라인에 올라오는 가짜 게시물들을 보고 우리는 어떻게 대처하고 있을까요?

영화 〈돈 룩 업〉을 통해서 사람들이 '하나의 진실'을 어떻게 가공하고, 자신의 필요에 맞게 이용하는지 살펴보려고 합니다. 영화에서도 우리와 마찬가지로 넘쳐 나는 정보들에 허우적거리는 사람들을 볼 수 있어요. 무엇이 진짜인지를 잘 구분하기 위해서는 가짜 정보를 판단하고 비판할 수 있는 미디어 리터러시 능력을 키워야 합니다.

 ## '진실'을 이용하는 사람들의 여러 모습

영화 〈돈 룩 업〉은 지구 멸망이라는 소재를 다룹니다. 지구가 멸망한다는 사실에 대해 미디어가 어떻게 이 정보를 이용하고, 어떤 방향으로 다루는지를 보여 주지요. 새로운 행성을 찾아낸 천문학과 대학원생 디비아스키와 민디 박사는 충격적인 사실을 알게 됩니다. 바로 에베레스트산의 크기와 맞먹는 그 행성이 지구와 충돌하게 된다는 사실입니다. 이를 알리고자 두 사람은 대통령을 찾아갔지만 대통령의 반응은 미적지근합니다. 콧방귀를 뀌며 크게 신경 쓰지 않습니다.

혜성과 지구의 충돌까지 남은 시간은 단 6개월. 디비아스키와 민디 박사는 인기 토크쇼에 출연하여 진실을 알리려고 합니다. 그러나 사람들이 열광하는 것은 불편한 진실보다는 톱스타의 재결합이라는 가십거리입니다. 지구 멸망을 강하게 충고했던 디비아스키의 얼굴은 인터넷 밈이 되어 조롱거리가 되고 맙니다. 반면 부드러운 태도를 유지했던 민디 박사는 세상에서 제일 섹시한 과학자라는 별명과 함께 대중의 인기를 얻지요. 어느 누구도 디비아스키와 민디 박사가 토

크쇼에 출현한 진짜 이유에 대해 관심을 갖지 않습니다. 그저 인터넷 밈이 된 디비아스키를 조롱하고, 섹시한 과학자에게는 쉽고 편안한 소식만을 듣고 싶어 합니다.

지구 멸망이라는 진실은 그저 하나의 가십처럼 취급되어 버립니다. 대통령조차 자신의 지지율을 높이기 위한 쇼의 수단으로 이 진실을 이용합니다. 그러는 동안 온라인에서는 지구 멸망과 관련된 가짜 뉴스들이 판을 치지요. 사람들은 서로 자기가 본 정보가 진짜라며 신빙성 없는 가짜 뉴스들을 끊임없이 생성합니다.

거대 자본가인 피터는 행성 속 비싼 값어치의 광물에 욕심을 내며, 오히려 행성이 그냥 지구에 추락하도록 놔둬야 한다면서 대통령을 뒤에서 조종합니다. 이제 대중들은 가짜 뉴스들에 휩싸여 저마다 믿는 진실에 따르며 행동합니다. 행성은 신경 안 써도 된다며 하늘을 올려 보지 말라고 외치는 '돈 룩 업'파와 지구 멸망을 두려워하며 하늘을 좀 올려다보라는 '룩 업'파로 나뉘어 대립하지요.

자, 다시 한 번 정리하면 진실은 하늘에서 지구를 멸망시킬 만한 행성이 떨어지고 있다는 겁니다. 이 현실을 철저하게 가려 버리는 가짜 뉴스 속에서 사람들은 과연 진실을 볼 수 있을까요? 이 우스운 상황은 과연 영화에서만 일어나는 일일까요? 현실에서 같은 일이 발생한다면 우리는 이 문제를 조금 더 멋지게 대처할 수 있을까요? 저는 어쩐지 현실보다 더 현실 같은 영화라는 생각이 들기도 하네요.

매스 미디어는 물론, 이제는 개인이 SNS로 제작하는 개별 미디어까지 공존하고 있습니다. 시민들이 그동안 미디어의 정보를 받아들여 소비하는 입장이었다면 이제는 생산과 소비를 동시에 하는 시대이지요. 미디어망이 잘 갖춰진 우리나라에서 미디어는 삶의 필수적인 존재라고 할 수 있습니다. 특히나 Z세대라고 불리는 이들, 1990년대 생들은 어린 시절부터 스마트폰과 함께 미디어를 이용해 왔습니다. 그만큼 미디어를 의식주처럼 우리 삶의 요소로 받아들이고 있지요. 그러므로 건강한 사고와 생활을 하려면 미디어에서 제공하는 정보를 정확하게 읽고 분석하고 비판할 수 있는 능력, 미디어 리터러시 능력을 반드시 갖추어야 합니다.

　미디어 리터러시는 읽고 쓰는 능력을 넘어, 넘쳐 나는 미디어 시대를 잘 대처할 수 있도록 비판적으로 사고하는 능력을 말합니다. 비판적 사고란 정보를 잘 분석하고 통합해 결론을 맺거나 행동하는 사고 과정입니다. 왜 비판적 사고가 필요할까요?

　미국의 전 대통령 도널드 트럼프는 자신의 임기 동안 트위터를 이용해서 국민들과 소통을 했습니다. 정치적인 의견부터 개인적인 생각까지 아주 활발하게 트위터에 올렸는데요. 하지만 트럼프가 올렸던 트위터 속 내용은 모두 다 진실이었을까요? 트럼프는 자신에게 부정적인 보도를 내보낸 언론사를 향해 가짜 뉴스라며 자주 비난했습니다. 하지만 비난한 내용 중 일부는 사실로 드러났지요. 나라를 대표하는 대통령의 말이라도 진실인지 검증해야 하는 시대인 것입니다.

실제로 온라인 세상에 돌아다니는 허위 정보는 헤아릴 수 없을 만큼 많습니다. 정확한 보도 기관에서 보도한 것처럼 보이는 SNS의 카드 뉴스의 경우, 조금만 유심히 살펴봐도 일부를 제외하면 언론사가 아닌 곳에서 제작했다는 것을 알 수 있습니다. 마치 교묘하게 정확한 정보인 것처럼 우리에게 흩뿌려지는 뉴스들을 한 번쯤 의심하고 점검해야 합니다.

가짜 뉴스는 실제로 영향력이 있습니다. 2016년 미국의 온라인 매체 '버즈피드(Buzzfeed)'에서는 페이스북에서 만들어 낸 가짜 뉴스의 영향력이 진짜 뉴스를 뛰어넘었다는 정보를 발표했습니다. 표현의 자유를 비방한 가짜 뉴스들을 그대로 믿어 버리기 전에 진실이 맞는지 비교하는 과정이 선행되어야 합니다. 내가 지닌 선입견이나 의견을 끊임없이 되짚어 보는 성찰의 과정 또한 필요할 것입니다.

영화 〈돈 룩 업〉에서도 사람들은 혼란한 상황이 되자 각자의 입장에서 믿고 싶은 정보를 보고 저마다의 진실을 믿기 시작합니다. 미디어 시대의 세계 시민으로 살아가기 위해서는 쏟아지는 정보들 속에서 진실을 정확하게 구분하는 힘이 필요합니다. 지금 사용하는 미디어부터 분석하고 성찰해 보는 것은 어떨까요? 많은 정보들 가운데 어떻게 허위 정보를 구별해 낼 수 있을지 함께 알아보도록 해요.

- **자극적인 제목에 유혹되지 말기** 조회 수를 목적으로 자극적인 제목을 단 뉴스들이 많습니다. 자극적인 제목은 사람들이 클릭할 확률이 높기 때문에 자연히 조회 수가 높아질 것입니다. 내용이 어떤지는 상관없이 인기 뉴스가 될 수 있는 거죠. 기사를 클릭해 보면 제목과 실제 내용이 다르다는 것을 알 수 있지요. 자극적인 제목의 뉴스를 클릭하기 전에 우리는 신중함과 분별력을 발휘해야 합니다. 이런 기사를 내보내는 곳이라면 다른 뉴스도 비슷하게 내보낼 확률이 높습니다. 사용자들이 그 매체의 뉴스를 거부한다면 그곳은 힘을 잃게 될 것입니다. 자극적인 제목을 쓰는 매체를 차단하는 것도 방법일 수 있습니다.

- **뉴스의 출처 확인하기** 확인한 뉴스의 출처가 정확한지 알아야 진짜 정보를 구분할 수 있습니다. 온라인에서 보는 뉴스 중 일부는 출처가 명확하지 않고 그저 정보만 전달해 줍니다. 출처가 없는 정보라면 일단 의심을 해봐야 합니다. 평소 알던 매체의 정보라도 그저 인터넷에 떠도는 글들을 내보내고 있는지 꼼꼼하게 살펴봐야 합니다.

- **양측의 입장을 확인하기** 간혹 빠르게 기사를 내기 위해 한쪽의 입장만 담긴 기사를 내기도 합니다. 그렇게 되면 자연히 상대 쪽은 비난할 수밖에 없겠지요. 이러한 예로, 연예인들의 학교 폭력 폭로 기사를 들 수 있습니다. 피해자 혹은 가해자의 한쪽 입장으로 기사가 나오는 경우가 많은데, 반드시 다른 쪽 입장의 기사도 확인해야 정확한 전모를 알 수 있습니다. 한쪽의 입장에 치우친 뉴스라면 상대 쪽 입장도 찾아서 살펴본 후 객관적인 판단을 해야 합니다.

- **숨은 의도를 분별하고 파악하기** 뉴스 중에는 어떤 이득을 위해 특정 무

언가를 혐오하거나 의도를 담은 기사를 내는 경우도 종종 있습니다. 실제로 과거 우리나라 국가정보원에서 특정 목적을 위해 댓글 부대를 동원하여 주도적으로 여론을 조작했던 사건이 밝혀지기도 했습니다. 미디어의 힘이 강력한 만큼 특정 목적을 위해 여론을 선동하는 뉴스를 내고 댓글을 조작하는 행위들은 사라져야 합니다. 한쪽으로 휩쓸리지 않는 비판적 시선은 더 객관적인 시야로 넓혀 줄 수 있는 힘입니다.

• **URL, 이미지 출처 확인하기** 뉴스의 제목과 내용 외에도 언론사가 맞는지 뉴스 URL을 확인해 볼 수 있습니다. 또, 뉴스 안에 들어가는 이미지가 원본인지, 출처를 명확하게 기재했는지 혹은 조작된 이미지는 아닌지 체크해 볼 필요가 있습니다.

함께 토론해 보아요!

1. 온라인을 통해 알게 된 정보 중 사실이 아니었던 경우가 있나요? 반대로 사실이 아니라고 믿었는데 사실이었던 경우가 있나요?

2. 내가 생각하는 미디어 리터러시는 무엇인가요? 미디어에 올라오는 정보를 비판적으로 바라보는 능력을 키우기 위해서 우리는 어떠한 노력을 할 수 있을까요?

3. 쏟아지는 정보 속에서 제대로 선별하고 비판하는 나만의 노하우가 있다면 무엇일까요?

PART 05

난민, 우리는

지구 공동체입니다

2022년 2월 24일 러시아의 우크라이나 침공으로 대규모 난민이 발생하고 있습니다. 2022년 12월 유엔난민기구(UNHCR)에서 발표한 자료에 의하면 이번 전쟁으로 인한 우크라이나 피란민은 총 1,407만 명 이상으로 국외로 대피한 난민 수가 783만 명 이상, 자국 내 실향민도 624만 명에 이르는 것으로 추정하고 있습니다. 전쟁으로 생기는 난민의 경우 전체 난민의 수에서도 압도적으로 많은 비율을 차지합니다. 우리가 휴전국이라는 사실을 잊고 사는 것처럼, 우리는 난민에 대해서도 잘 인식하지 못하고 살아가고 있습니다. 이번 장에서는 영화를 통해 난민이 생기는 이유와 난민들이 겪는 어려움은 무엇인지 알아보고자 합니다. 우리가 함께 고민해야 할 것은 무엇이며, 지구 공동체로서 우리의 이웃인 난민들과 함께 평화를 누리기 위해 무엇을 하면 좋을지도 살펴보려 합니다. 이를 통해 여러분이 세상을 따뜻하게 만드는 세계 시민으로 성장하길 기대합니다.

입국 심사 중에
내 나라가 없어졌다면?

< 터미널 >

여러분은 난민 하면 어떤 이미지가 떠오르나요? 공포에 휩싸인 표정, 단출한 짐을 꾸려 어린아이의 손을 잡고 국경선으로 몰려드는 사람들, 조그만 보트를 타고 바다를 건너는 사람들의 모습 등을 떠올릴 거예요. 난민이라는 이름표를 떼면 그들도 한 나라의 국민이고, 시민이고, 이웃이고 가족이었던 평범한 사람들입니다. 국가가 제 기능을 할 수 없는 상황에서 생명과 안전이 위협받자, 사람들은 생존을 위해 안전한 곳을 찾아 조국을 떠납니다. 자신이 살아온 터전을 버리고 언어나 문화가 다른, 아무런 연결 고리가 없는 곳으로 가는 건 쉬운 일이 아니지만 절박한 상황으로 난민이 될 수밖에 없습니다.

영화 〈터미널〉은 미국으로 여행을 온 한 남자가 비행기를 타고 오던 중 갑자기 조국이 사라지게 되면서 무국적자가 된 이야기입니다. 조국이 사라지고, 한 나라의 국민이라는 권리가 사라지게 되면 어떤 상황들이 생기는지 주인공 빅터를 통해 살펴보겠습니다.

 ## 갑자기 나의 나라가 사라진다면

동유럽에 있는 크라코지아(가상 국가)에서 미국으로 여행을 온 빅터는 입국 심사대에서 입국을 거부당합니다. 비행기를 타고 오는 도중 고국에서 쿠데타가 일어나 국가가 사라지게 된 거죠. 빅터가 가진 여권의 효력도 덩달아 사라집니다. 빅터는 졸지에 고국으로 돌아갈 수도, 공항 밖으로 나갈 수도 없는 상황에 처하게 됩니다.

영어를 잘 모르는 빅터는 왜 자신이 공항 밖으로 나갈 수 없는지를 이해조차 하지 못했어요. 그러던 중 공항 TV에 나오는 짤막한 크라코지아에 대한 뉴스를 통해 조국의 상황을 알게 됩니다. 이때부터 뉴욕 공항에서 기약 없는 난민 생활을 하게 됩니다.

공항에서 생활하는 건 매 순간 어려움의 연속입니다. 공항 직원이 준 식사권을 잃어버려 굶기도 하고, 몸을 씻을 장소가 없어 사람들이 없는 시간대에 화장실에서 씻어야만 했습니다. 매일 밤 잘 곳을 찾아 공항 이곳저곳을 헤매야 하고요. 빅터는 날마다 실낱같은 희망으로 입국 허가증을 작성해 보지만, 돌아오는 건 입국 불가 도장뿐입니다. 언제쯤 빅터는 공항에서의 난민 생활을 끝낼 수 있을까요?

영화 같은 이런 상황은 현실에서 일어난 일입니다. 영화 〈터미널〉은 프랑스의 샤를 드골 공항에서 이란인 메흐란 카리미 나세리가 겪은 실화를 모티브로 제작되었습니다. 나세리는 1973년 9월 영국으로

유학을 갔다가 팔라비 왕조에 반대 시위를 해 비밀경찰에게 고문당합니다. 이 일로 이란에서 추방당해 여러 나라에 망명 신청을 했지만 거부당합니다. 나세리는 프랑스에서 영국행 비행기에 탈 예정이었는데 여권이 든 가방을 분실해서 떠날 수 없었어요. 결국 그는 합법적으로 머무를 수 있는 파리 공항에서 1988년부터 2006년까지 난민 생활을 하게 됩니다. 2006년 공항을 떠났던 그는 프랑스의 보호 시설과 호텔 등을 전전하다 생의 마지막 순간에 다시 파리 샤를 드골 공항으로 돌아왔습니다. 그리고 2022년 11월 12일 공항에서 심장마비로 세상을 떠났답니다.

우리나라 공항에서도 이런 사례가 있어요. 바로 아프리카에서 온 리카 씨와 루렌도 가족이지요. 리카 씨(가명)는 인천 국제 공항에서 14개월간 난민 생활을 합니다. 그는 박해를 피해 고국을 떠나 남태평

양 섬나라로 갈 예정이었는데 인천 공항에서 환승하는 과정에서 여권을 잃어버려 인천 공항에 머물게 됩니다. 처음에는 난민 신청이 순조로울 거라 예상했지만, 현실은 그렇지 않았어요. 리카 씨는 무려 493일간 인천 공항 43번 게이트 환승 구역에서 난민 생활을 합니다. 그러다 리카 씨의 안타까운 사연을 안 시민 단체의 도움으로 난민 지위를 인정받기 위한 절차를 진행하고 있지요.

2018년 12월 아프리카 앙골라 정부의 이주민 박해를 견디지 못하고 한국행을 택했던 루렌도 가족도 9개월 넘게 인천 공항에서 생활해야 했습니다. 시민 단체와 변호인들의 도움으로 3년간의 소송 끝에 2021년 10월 비로소 난민위원회로부터 난민 자격을 인정받았지요.

국가로부터 안전과 보호를 받지 못하는 사람들
"난민"

영화 〈터미널〉에서 빅터는 하루아침에 고국이 사라지면서 무국적자가 됩니다. 국적(nationality)이란 '나'라는 인격을 가진 고유한 개인을 국가와 이어 주는 법적인 연결 고리입니다. 국적은 일반적으로 태어날 때 자동으로 부여받기 때문에 이 부분에 대해 생각해 볼 기회가 없거나 잘 인식하지 못할 수 있습니다.

국가를 구성하는 4가지 요소인 영토, 국민, 정부, 주권이 있어야 완전한 국가로 인정받을 수 있습니다. 지리적으로 명확한 영토에서 지속해서 살아가는 사람들(국민)이 있어야 하지요. 이때 한 국가의 국민으로 소속을 나타내는 게 바로 국적입니다. 국적은 우리의 삶에 많은 영향을 미칩니다. 예를 들어 여러분이 다른 나라를 여행하고 한국으로 돌아올 수 있는 것도 한국 국적을 가진 사람만이 한국을 자유롭게 출입할 수 있는 권리를 가지기에 가능한 일입니다. 선거에 투표할 수 있는 권리나 정치에 참여할 수 있는 권리 역시 한 나라의 국민이기에 누리는 권리입니다. 한편 국적을 가진 사람에게는 의무도 따릅니다. 국가를 운영하는 데 필요한 재정을 마련하기 위한 납세의 의무와 국가의 독립을 유지하고 안전한 영토 보존을 위한 국방의 의무가 바로 그것입니다.

하지만 무국적자나 난민은 국가의 구성 요소(영토, 국민, 정부, 주권)에서 추방당한 사람들로 법의 보호를 받을 수 없어 거주할 권리도, 일할 권리도 없습니다.

그렇다면 국제 사회에서 국적은 어떤 역할을 할까요? 대한민국 국적을 가진 우리 국민이 외국에 거주하거나 체류 또는 방문(여행목적 등)한 경우 이들을 재외 국민이라고 합니다. 국가는 국외에 있는 이들의 생명, 신체, 재산을 안전하게 보호해 줍니다. 또한, 재외 국민들이 외국에서 피해를 입거나 정당한 권리를 침해당할 때에도 그들의 이익을 대변하고, 다른 나라에서 그들을 추방할 경우 국내로 송환하여 안전을 지키고 보호해 줍니다.

하지만 국가로부터 안전과 보호를 받지 못하는 사람들이 있는데, 그들이 바로 난민입니다. 난민이 생기는 이유는 무엇일까요? 지금부터 난민이 되는 여러 가지 이유를 살펴보겠습니다.

· 전쟁(내전) 난민

전쟁이나 내란, 또는 정치 폭동이 일어나 조국을 떠나 다른 나라 혹은 다른 지역으로 피난한 사람을 의미합니다. 시리아나 리비아처럼 내전으로 발생한 난민, 러시아-우크라이나 전쟁으로 생겨난 난민이 여기에 해당합니다.

· 환경(기후) 난민

산업 구조와 공해 산업으로 인한 환경 오염이나 이상 기후, 화산 폭발과 같은 자연재해, 원전 사고와 같은 인위적인 환경 파괴 등으로 삶의 터전을 잃고 고향을 떠나게 된 사람을 뜻합니다. 기후 변화로 인해 크게 고통받는 나라는 가난한 나라들입니다. 이들은 기후 위기를 불러온 지구 온난화에 가장 영향을 덜 미쳤음에도 가장 큰 피해를 입고 있습니다. 식량이나 물과 같은 생존에 필요한 자원이 부족해지면서 정치적, 경제적 혼란과 불안을 겪어 터전을 떠나고 있지요.

실제로 섬 9개로 이루어진 투발루는 공장이 하나도 없는 나라이지만 해수면 상승으로 섬 2개가 잠기며 기후 난민이 발생했습니다. 2018년 세계경제포럼(WEF)에서 발표한 보고서에 따르면 2050년 안에 기후 위기와 관련해 최소 12억 명의 실향민이 생길 거라고 예상했어요. 앞으로 환경 난민 문제는 더욱 심각한 사회 문제가 될 수 있답니다.

· 경제(사회구조)적 난민

경제적 궁핍 또는 곤경을 피해 다른 나라로 탈출한 사람을 의미합니다. 대표적인 예로 베네수엘라 난민이 있습니다. 베네수엘라는 남미 최대 석유 매장량을 보유하여 중남미에서 가장 부유한 나라였습니다. 2013년 니콜라스 마두로 대통령이 집권하면서 사상 최악의 초인플레이션을 겪게 되고, 이 과정에서 화폐 단위가 높아져 한 달 월급으로 고기 1kg도 살 수 없는 상황에 빠집니다. 이에 2019년 마두로 정부의 퇴진을 요구하는 군부 쿠데타가 일어났으나 실패로 돌아가지요. 정치적 혼란이 심해지자 경제적, 사회적 상황이 더욱 나빠집니다. 결국 경제적인 어려움을 참다못한 베네수엘라 국민 3천만 명 중 1/5인 560만 명이 나라를 떠나고 말았어요.

 우리도 난민이었어요

천재 과학자 아인슈타인, 피아노의 시인 쇼팽, 레미제라블의 작가 빅토르 위고도 한때 난민이었습니다. 우리도 난민이던 시절이 있었지요. 일제 강점기, 중국 상하이에 임시 정부를 만들고 활동했던 독립군이 바로 정치적 난민이지요. 러시아는 독립군을 빌미 삼아 일본군이 자국에 침범하는 걸 막기 위해 한국 독립의 영웅인 홍범도 장군을 비롯하여 조선인들을 중앙아시아로 강제 이주시킵니다. 당시에는 장군도, 독립군들도 난민의 삶을 살 수밖에 없었습니다. 한국 전쟁을 치를 당시에 전쟁을 피해 가까운 일본이나 미국 또는 제3국으로 건너가 난민의 삶을 살았던 재외 국민들도 있습니다.

　이제 우리는 난민 발생국에서 난민 수용국으로, 국제적인 원조를 받던 나라에서 도움을 주는 나라로 성장했습니다. 급속한 성장과 발전을 이루었기에 지금의 세대는 과거 우리가 국제 사회로부터 원조를 받은 사실도, 난민이었던 것도 모를 수 있습니다. 힘들었던 그 시기에 우리에게 따뜻한 손길을 보낸 나라와 사람들처럼 이제는 우리가 손을 내밀어야 할 때입니다. 고통받는 난민들이 일상으로 돌아갈 수 있도록 내가 할 수 있는 작은 실천이 무엇일지 생각해 봅시다.

함께 토론해 보아요!

1. 만약 여러분이 빅터와 같이 나라의 상황으로 인해 갑자기 무국적자(또는 난민)가 된다면 어떤 어려움이 생길까요? 그 어려움을 해결하기 위해 어떤 노력을 할 건가요?

2. 2050년에는 전 세계 인구 12억 명 정도가 급격한 환경 변화로 인해 삶의 터전을 잃는 환경(기후) 난민이 된다는 예상이 나오고 있습니다. 환경(기후위기) 난민의 발생을 막기 위해 어떤 노력을 하면 좋을까요?

3. 우리는 휴전국으로 언제든 전쟁이 일어날 수 있습니다. 전쟁이 발발하게 되면 생존을 위해 난민이 될 수밖에 없지요. 전쟁을 막기 위해 우리가 할 수 있는 일은 무엇일까요?

소말리아 내전으로 보는
난민과 국제기구

< 모가디슈 >

2021년 7월에 진행한 유엔무역개발회의(UNCTAD)에서 회원국들의 만장일치 합의로 우리나라의 지위가 선진국으로 변경되었습니다. 1964년 설립된 유엔무역개발회의에서 개발도상국 그룹(그룹 A)에서 선진국 그룹(그룹 B)으로 이동한 국가는 우리나라가 유일합니다. 국제 사회의 도움을 받던 나라가 성장해 도움을 주는 나라로 전환한 사례도 매우 드물어서 우리나라의 사회적, 경제적, 문화적 성공 경험은 많은 개발 도상국에 역할 모델이 되고 있지요.

지금은 우리나라가 국제 연합(유엔, UN)의 회원국이라는 사실이 매우 당연하게 생각되지만, 불과 30여 년 전만 하더라도 유엔 가입을 위해 고군분투를 하던 시기가 있었어요. 1949년 1월 우리나라는 정부 수립 후 최초로 유엔 가입 신청을 했지만, 유엔 가입은 그 후 42년이 지나서야 가능했답니다.

유엔 회원국이 되는 데 왜 이렇게 오랜 시간이 걸렸을까요?

1970년대 중반까지도 세계는 냉전 시대로 자유 진영과 공산 진영이 팽팽하게 맞서고 있어 공산 진영에 있는 나라들은 남한의 유엔 가입을 반대하고, 자유 진영에 있는 서방권 나라들은 북한의 유엔 가입을 반대했답니다. 유엔에 가입하기 위해 두 진영의 동의표를 얻어야 하는 남북한은 더욱 치열한 외교전을 펼칠 수밖에 없었습니다.

'아프리카의 해'라고 불리는 1960년, 아프리카가 식민지에서 벗어나 신생 독립국으로 분리됩니다. 이 신생 국가들이 대규모로 유엔에 가입하게 되면서 남북한의 유엔 가입을 위한 동의표를 얻기 위해 아프리카 대륙에서도 외교전을 펼치게 됩니다.

영화 〈모가디슈〉는 영토의 모양이 코뿔소의 뿔과 비슷하다 하여 '아프리카의 뿔'이라고 불리는 소말리아에서 1991년에 일어난 내전을 배경으로 합니다. 소말리아에서 내전이 일어난 이유와 아프리카 대륙이 식민지에서 벗어난 지 60여 년이 지난 지금도 화합하지 못하고, 많은 국가들이 내전으로 고통받는 이유에 대해 알아보려 합니다. 또 내전이 일어났을 때 유엔과 같은 국제기구들은 어떤 도움을 주는지도 살펴볼게요.

 ## 남북을 위기로 빠트린 소말리아 내전

1990년 소말리아의 수도 모가디슈에서는 남한과 북한이 유엔 가입을 위한 외교전을 치열하게 벌이고 있었어요. 남한 대사관은 소말리아 대통령(시아드 바레)에게 남한의 유엔 가입 동의를 얻고자 애를 쓰지만 설득이 쉽지 않습니다. 이 시기에 모가디슈에서 내전이 일어납니다.

내전으로 인해 소말리아에 있는 각국의 대사관들이 생명과 안전을 위협당하자 각국은 자국민의 신변을 보호하고자 구조기를 파견합니다. 하지만 남한 대사관은 한국과 연락할 수 있는 유일한 통신 장비가 망가져서 소말리아 내전 소식을 전할 수 없었어요. 결국 자력으로 소말리아를 탈출해야만 했지요. 북한 대사관의 상황은 더 좋지 않아 위기의 순간에 남한 대사관에 도움을 요청합니다.

소말리아에서 팽팽한 외교 신경전을 벌이던 남한과 북한 대사관은 그동안 쌓인 감정 때문에 적대적인 태도로 서로를 의심하고, 싸우기도 합니다. 하지만 생사가 오가는 긴박한 상황이라 서로 힘을 모아

모가디슈에서 탈출하고자 노력하지요. 위기의 순간이 닥쳤지만 다행히도 남북한의 대사관 일행은 이탈리아의 도움을 받아 적십자 구조기를 타고 무사히 탈출합니다.

영화 〈모가디슈〉는 실제 소말리아의 수도인 모가디슈에서 촬영했을까요? 아닙니다. 소말리아는 내전이 발생한 지 30년이 흘렀지만, 여전히 나라의 상황이 안정되지 않아 입국이 금지된 국가입니다. 그래서 이 영화는 모로코에서 촬영했습니다. 모가디슈의 영화 배경이 1990년인데 여전히 내전 상태라는 게 믿기지 않을 거예요. 지금도 소말리아는 분열된 상황에서 많은 사람이 고통을 겪고 있습니다.

 ## 소말리아 내전이 발생한 이유와 내전으로 변해 버린 소말리아인들의 삶

소말리아는 아프리카 대륙에 있는 나라입니다. 소말리아는 주요 씨족 5개와 200개가 넘는 씨족들이 살고 있고, 국토 대부분이 사막이어서 유목민 생활을 합니다. 아프리카 대륙에 혼란이 찾아온 것은 1880년대 제국주의를 내세운 서양 국가들이 아프리카 땅을 침략해 오면서부터입니다. 소말리아의 내전 역시 이 시기에 심어진 갈등의 씨앗으로 일어난 것이지요.

1884년 열린 베를린 회의 이후 유럽의 열강들은 아프리카를 식민지로 삼기 시작했고 소말리아 역시 프랑스, 영국, 이탈리아의 지배를 받았습니다. 이 세 나라는 소말리아를 더 쉽게 통치하기 위해 분열시

컸고 이로 인해 한 나라에서 친(親)프랑스파, 친(親)영국파, 친(親)이탈리아파로 나뉘게 됩니다.

1960년 7월 1일 소말리아는 식민지에서 벗어나 독립하지만, 분열된 상태를 화합하지 못해 정국은 혼란스러웠습니다. 이 시기를 틈타 1969년 소말리아의 장군 시아드 바레가 군사 쿠데타를 일으켜 정부를 세우고 무려 22년간 장기 독재를 합니다.

소말리아가 더욱 어려운 상황을 맞게 된 발단은 1977년에 일어난 오가덴 전쟁입니다. 이 전쟁은 1977년부터 1978년까지 에티오피아, 소말리아 등 동아프리카 지역에서 일어났습니다.

그럼 오가덴 전쟁이 일어난 배경을 살펴볼까요? 유럽인이 아프리카 대륙을 나누면서 소말리족 역시 케냐 동부, 에티오피아의 오가덴 지역, 지부티 등에 흩어져 살게 됩니다. 소말리아는 흩어진 소말리족을 하나로 모으고, 예전 소말리아의 땅이었던 곳도 되찾고자 에티오피아를 침공합니다. 하지만 이 전쟁은 소말리아의 패배로 끝났고, 소말리아는 무리하게 전쟁을 일으킨 후유증으로 갚아야 하는 외채가 급속히 늘어 경제 상황이 나빠집니다. 극심한 인플레이션과 실업률로 인해 생활이 몹시 힘들어진 소말리아인들은 자신들만 호의호식하는 바레 정권에 맞서기 시작합니다.

1991년 아이디드 장군이 이끄는 반군이 시아드 바레 정권에 반기를 들고 쿠데타를 일으키면서 수도 모가디슈에서 내전이 일어납니다. 이 내전은 20년간 이어져 약 40만 명의 사람들이 사망했고, 140여만 명이 피난민이 되었답니다. 시아드 바레 정권이 물러나면서 소말리아는 무정부 상태였다가 2012년 8월 소말리아 연방 공화국으로 출범하면서 정부가 구성되었습니다. 하지만 여전히 소말리아는 정치적 혼란으로 인해 치안 문제와 이슬람 무장 조직, 반군 등의 무력 충돌이 이어지고 있습니다.

이런 소말리아의 혼란스러운 상황을 틈타 외국 어선들이 불법 어업과 남획을 일삼고, 대형 선박에 유독성 폐기물을 싣고 와서 소말리아 앞바다에 방류하기도 했습니다. 외국 어선들의 만행에 소말리아인들은 해적이 되어 자신들의 바다를 지키기 위한 활동을 합니다.

소말리아 해적들은 처음에는 외국 어선들이 어족 자원을 고갈시키고, 바다 어장이 황폐해지는 것을 막기 위한 명분으로 약탈 행위를 시작했습니다. 하지만, 시간이 지나자 점점 피랍과 납치를 일삼으며 몸값을 요구하는 범죄 조직이 되어 가며 국제 사회에 심각한 문제가 되었습니다. 우리나라도 2011년 1월 원유를 운반하는 삼호주얼리호가 피랍된 적이 있었습니다. 이때 '아덴만 여명작전'으로 대한민국의 최영함과 청해부대가 투입되어 약 5시간 교전 끝에 해적들을 제압하고 선원 21명을 전원 구출한 사례도 있지요.

소말리아 해적은 대부분 생계형으로 먹고살기 어려운 어민, 도시의 실업자, 전직 해군들이 결성한 조직입니다. 무정부 상태인 소말리아에서는 일자리를 구할 수 없고, 가뭄과 같은 재해까지 겹치면서 소말리아인들의 삶은 더욱 피폐해졌습니다. 그들은 결국 생존을 위해 해적의 삶을 선택했지요.

미 해군의 주도로 이루어진 다국적 연합군이 아랍 해와 인도양에서 해적 퇴치를 위한 공동의 대응을 시작한 이후 소말리아 해적 활동은 현저히 줄었습니다. 하지만 소말리아 해적들이 사라진 것은 아닙니다. 일부 소말리아 해적들은 비교적 감시가 느슨한 서아프리카나 기니만 일대로 이동해 활동하고 있는 것으로 알려져 있습니다. 또 일부 해적들은 해적 행위가 위험 대비 수익성이 낮아지자 무기 밀수나 난민들을 밀입국시키는 불법 행위로 생계를 잇고 있습니다.

정부의 무능력과 빈곤, 내전으로 많은 소말리아인은 선과 악의 경계를 잃고 폭력적이며, 불법적인 삶을 살아가고 있습니다. 소말리아에는 국민의 생명과 안전을 지키고, 경제적인 안정을 만들 수 있는 정부가 들어서야 합니다. 그래야 해적이 된 소말리아인과 난민이 된 소말리아인이 정상적인 삶으로 돌아갈 수 있기 때문입니다.

 ## 서로 협력하는 국제기구가 필요한 이유

불안정한 나라의 상황으로 인해 소말리아인들은 다른 나라로 피신해 난민이 되었습니다. 케냐의 북동부에 있는 다다브 난민캠프는 국경이 닿아 있는 국가인 남수단, 르완다뿐만 아니라 소말리아 난민 약 50만여 명이 함께 생활하는 곳입니다. 소말리아 내전 직후 소말리아인들이 이곳에서 모여 생활하고 있습니다.

일반적으로 난민들은 고국의 내전이 잦아들면 본국으로 돌아가지만, 소말리아는 여전히 내전 중이라 국민을 안전하게 보호할 사회 체계도 없고 의료와 교육도 불가능한 상태지요. 더욱이 여성들은 성폭력에 대한 두려움으로 오히려 난민 캠프가 더 안전하다 느껴 이곳에서 30년간 살아가고 있습니다.

케냐 정부는 다다브 난민캠프를 안보와 치안 문제로 인해 폐쇄하겠다고 공식 발표를 한 상태인데, 이 캠프가 폐쇄되면 돌아갈 곳이 없는 소말리아 난민들은 어디로 가야 할지 막막한 상황입니다. 소말리아가 하루속히 경제적, 사회적, 정치적인 문제를 해결하고, 안전한 사회가 될 수 있도록 국제 사회의 관심과 공동의 노력이 절실하게 필요합니다.

세계가 국제 협력의 중요성을 인식한 계기는 제2차 세계 대전을 겪은 후 우리가 함께 노력해야만 세계의 평화를 유지하고 전쟁을 막을 수 있다는 걸 알게 되었기 때문입니다. 국제 사회는 이를 위해 함께 노력하겠다는 의지로 문화적, 경제적, 사회적 협력을 서로 약속하는 국제기구를 조직했으며, 국제 관계가 현저하게 긴밀해지면서 더 다양한 국제 연합이 잇달아 나타났습니다.

국제기구는 정부를 구성 단위로 하기 때문에 '정부 간 기구(IGO: Inter-Governmental Organization)'라 불리기도 합니다. 일반적인 국제기구는 국제 연합(UN), 국제 노동기구(ILO), 유네스코(UNESCO) 등이 있으며, 지역적인 국제기구는 북대서양조약기구(NATO), 미주기구(OAS), 유럽연합(EU), 아시아 개발은행(ADB) 등이 있습니다.

이 국제기구들과는 별개로 민간 단체인 국제 비정부 기구(NGO: Non-Governmental Organization)도 있습니다. 국제 활동을 벌이는 단체들로, 자발적인 비영리 시민단체인 'NGO'가 여기에 해당합니다. NGO는 사회적 연대와 공공의 목적을 실현하기 위해 모인 사람들이 다양한 서비스와 인도주의적인 역할을 합니다. 정부의 정책을 감시하고, 알맞은 정보를 제공하여 시민들이 정치에 참여하게끔 장려하며 인권, 환경, 보건, 성차별 같은 특정 영역에 대해서도 중점적으로 활동하죠. 국제적으로 활동하는 NGO 단체 중에는 그린피스, 국제 앰네스티, 국경 없는 의사회 등이 있으며, 우리나라의 경우 YMCA와 흥사단이 있습니다.

지금까지 국제기구의 종류를 살펴보았는데요. 이제 난민 문제를 해결하기 위해 활동하는 국제기구들에 대해 살펴볼게요.

• 유엔난민기구(UNHCR: United Nations High Commissioner for Refugees)

1949년 12월 3일 유엔 총회에서 창설된 유엔난민기구는 전 세계의 난민을 보호하고, 난민 문제를 국제적인 방법으로 해결할 권한을 가진 기구입니다. 유엔난민기구는 난민의 권리를 보호하고 지원해 주며, 모든 사람이 보호를 신청할 수 있습니다. 더불어 다른 나라에서도 안전하게 보호를 받을 수 있는 역할을 합니다. 조국에서 생명과 안전을 위협받는 난민의 경우 강제 송환이 되지 않도록 도와줍니다. 반대로 조국으로 돌아가기를 원하거나 제3국에 정착하기를 원하면 이를 지원해 주기도 합니다. 또한, 난민을 보호하는 나라에는 물자를 지원해 주고, 난민 캠프를 운영해 난민을 수용하는 일도 합니다.

2019년 5월 기준으로 유엔난민기구는 134개국에서 활동하고 있습니다. 난민 지원 활동을 활발하게 하는 나라는 아프가니스탄, 콩고 민주공화국, 말리, 파키스탄, 시리아, 레바논 등이 있습니다

• 국제 앰네스티(AI : Amnesty International)

국제 앰네스티는 고문, 사형제 폐지, 여성 권리 보장 같은 다양한 영역에서 정의가 구현되고, 인권이 보호되도록 국제 사회의 관심과 지원을 촉구하는 역할을 합니다. 각국 정부에 난민이 재정착하는 과정에 필요한 주거 및 교육, 일자리를 지원하고, 난민의 인권이 실질적으로 개선되도록 촉구하는 역할을 합니다.

2020년 국제 앰네스티의 조사를 통해 방글라데시 정부가 로힝야 난민 1600명을 바산차르섬으로 강제 이주시키고, 한 평(약 1.5m²)도 안 되는 공간에서 난민 2~5명이 열악하게 생활한다는 사실이 세상에 알려지게 됩니다. 이곳에서 난민들은 자유롭게 건물 밖에 나가지 못하며, 경찰과 해군에 의한 성추행과 성폭력이 발생하고 있다는 사실이 확인되자 국제 앰네스티는 방글라데시 정부가 이에 대해 철저히 수사하게끔 촉구했습니다.

아프리카가 피의 대륙이 된 이유

여러분은 '아프리카' 하면 어떤 이미지가 떠오르나요? 뜨거운 날씨, 드넓은 초원과 그 위를 달리는 야생 동물들, 검은 피부의 사람들, 빈곤, 질병 등이 떠오르나요?

아프리카 대륙은 석유나 천연자원이 풍부하고, 세계에서 두 번째로 넓은 면적의 땅을 가지고 있으며, 전 세계 인구의 16%를 차지할 정도로 많은 인구가 살고 있지요. 이토록 많은 자원과 땅, 사람들이 있는 아프리카 대륙이 왜 이렇게 오랜 세월 내전과 빈곤으로 고통받는 걸까요?

그 이유를 알기 위해서는 아프리카의 상황을 이해해야 합니다. 아프리카에서 사용되는 언어는 2,034여 개고, 이 중 100만 명 이상의 사람들이 쓰는 언어도 50여 개나 있습니다. 그래서 아프리카 대륙에는 다언어를 사용하는 국가를 쉽게 찾을 수 있답니다. 산유국으로 알려진 나이지리아에서는 무려 520여 개의 언어가 사용되며, 남아프리카 공화국은 공식 언어만 11개입니다.

특히 아프리카의 많은 국가는 다양한 민족 집단과 언어가 뒤섞인 채로 외국 세력끼리 합의한 국경선으로 나라가 묶인 상태입니다. 그래서 사람들은 자신의 정체성과 민족 정체성을 실현하기 위해 특정 언어를 습득하려고 노력했습니다. 이로 인해 각 언어에 대한 인식 차이가 크고, 통일된 언어 정책마저 펼치지 않아 아프리카 국가들의 언어 선택을 더욱 어렵게 만들었습니다. 아프리카 민족들과 언어를 무시한 채 왜 외국 세력들이 아프리카 국가의 국경을 긋게 되었는지를 살펴볼게요.

15세기 말 콜럼버스가 서인도제도를 발견하면서 아프리카 대륙이 유럽에 알려집니다. 처음 유럽인들은 아프리카의 해안 지역을 이용해서 무역을 했지요. 그러다 아프리카를 문명화시킨다는 명목으로

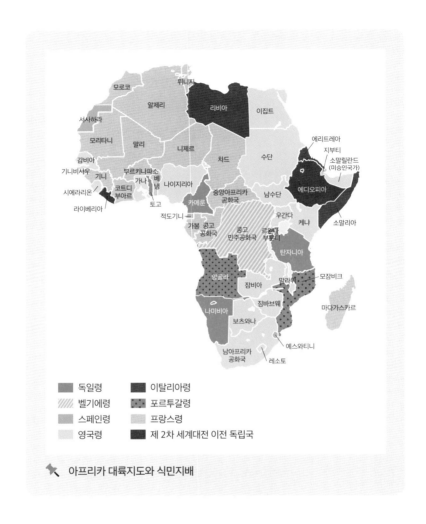

아프리카 대륙지도와 식민지배

	독일령		이탈리아령
	벨기에령		포르투갈령
	스페인령		프랑스령
	영국령		제 2차 세계대전 이전 독립국

내륙까지 침략해 땅과 자원을 빼앗고, 수많은 아프리카인을 노예로 삼으며 식민지로 삼았습니다.

1880년대 유럽에서는 아프리카 대륙을 서로 쟁취하기 위해 국가 간의 갈등이 고조되고, 전쟁의 가능성 역시 커졌죠. 이에 유럽은 국가 간의 충돌을 줄이고 서로 합의하에 아프리카를 나누기로 합니다. 그렇게 모인 회의가 바로 1884년에 열린 베를린 회의입니다. 이때 참석한 국가는 총 14개국으로 네덜란드, 덴마크, 독일, 러시아, 미국, 벨기에, 스웨덴-노르웨이, 스페인, 영국, 오스트리아-헝가리, 이탈리아, 터키, 포르투갈, 프랑스였습니다. 이 중 프랑스, 독일, 영국 그리고 포르투갈은 이 회의의 주요국으로 당시 아프리카 식민지 쟁탈전의 이해 당사자였지요.

베를린 회의에 모인 각국 대표들은 지도를 펼쳐 놓고 아프리카 대륙의 국경선을 나눴답니다. 아프리카에 살아가는 다양한 종족과 왕국을 무시한 채 서구 세력이 마음대로 그어 버린 국경선에 의해 나라가 분리되었습니다. 그 결과, 한 종족이 분리되기도 하고 서로 적대관계인 여러 종족이 하나의 국가로 묶이기도 했지요. 베를린 회의에서 그어진 국경선은 아프리카 대륙에 분열의 씨앗을 심었고, 아프리카 대륙은 분쟁이 끊이지 않는 '피의 대륙'이 되었습니다.

오랜 세월 동안 이어진 분쟁과 내란으로 인해 아프리카 대륙에는 수많은 난민이 생겼습니다. 난민들은 깨끗한 물과 음식, 옷과 편히 쉴 수 있는 잠자리 등 인간다운 삶을 위한 가장 기본적인 조건조차 누리지 못하고, 살던 터전을 버리고 낯선 나라로 떠나야 했습니다.

세계의 평화는 지구에 분쟁이 없고 모든 종류의 폭력이 사라지며 정의가 구현된 상태를 뜻합니다. 우리는 나라를 잃고 인간의 존엄성조차 박탈된 상태로 폭력에 노출된 사람들을 보호해야 합니다. 개인의 존엄성과 인권이 침해당할 때 서로 도와주고, 함께 평화를 누리고

자 소통하고 연대해야 합니다.

이런 노력이 지금보다 더 안전한 환경에서 함께 평화를 누릴 수 있게 만들어 줄 것입니다. 아프리카의 평화는 전 세계의 평화에 한발 더 나아가는 길임을 기억해야 합니다.

함께 토론해 보아요!

1. 아프리카가 피의 대륙이 된 이유가 무엇이었는지 생각해 봅시다. 아프리카의 평화를 위해 무엇이 해결되면 좋을까요?

2. 소말리아는 내전 이후 경제적, 정치적, 사회적으로 혼란스러운 상황입니다. 소말리아의 이런 상황을 해결하기 위해서는 힘 있고, 유능한 정부가 필요합니다. 여러분이 생각하는 힘 있고 유능한 정부는 어떤 모습일까요?

3. 국제기구가 불안정한 국가나 난민을 지원하는 이유가 무엇일까요? 그리고 좋은 지원(도움)은 무엇일까요?

내전 속에서
자라나는 희망

< 사마에게 >

　중동은 '세계의 화약고'라고 불릴 정도로 많은 분쟁을 겪고 있습니다. 중동이 세계의 화약고가 된 이유는 무엇일까요? 중동에는 다양한 종교와 종파가 있어, 이슬람 내부의 종파 간의 갈등으로 전쟁이 일어나기도 하고, 다양한 민족들이 하나의 나라로 구성되는 과정에서 민족 간의 영토 분쟁으로 전쟁을 치르기도 합니다.

　이유가 무엇이든 전쟁은 사람들에게 고통이고 슬픔입니다. 목숨을 걸고 나라를 지키기 위해 총을 든 사람들도 전쟁 이전에는 평범한 삶을 살아가던 사람들이고, 누군가의 소중한 가족이기도 합니다. 전쟁은 한순간에 모든 것을 부숴 버리고, 소중한 것들을 앗아가 버립니다. 사람들이 거닐던 거리가, 우리가 살던 집이, 마을이 폭탄으로 부서집니다. 내가 아는 얼굴들, 사랑하는 사람들의 죽음을 마주해야 하기도 합니다. 살기 위해 국경을 넘는 그들도 우리와 같이 평범한 일상을 보내던 사람들입니다. 전쟁으로 그 일상을 빼앗긴 것이지요.

영화 〈사마에게〉를 통해 내전의 참상을 겪는 시리아인들의 삶과 이 세상에 존재하는 모든 이들이 마땅히 누려야 할 인권을 보호하기 위해 무엇을 해야 하는지 살펴보고자 합니다.

중동, 세계의 화약고! 그 중심에 있는 시리아

세계 4대 문명이자 가장 오래된 문명의 발원지인 메소포타미아는 중동의 유프라테스 강과 티그리스강이 흐르는 곳에 위치해요. 이곳은 물이 흐르고 땅이 비옥하며, 지형의 모양이 초승달 같다 하여 '비옥한 초승달 지대'라고 불리지요.

시리아는 이 비옥한 초승달 지대에 있는 국가로, 공식 국명은 '시리아 아랍 공화국'입니다. 시리아는 서아시아에 있는 국가로 동쪽에 이라크, 서쪽에 지중해, 북쪽에 터키와, 남쪽에는 요르단과 남서쪽에는 레바논을 접하며, 비옥한 평야와 고산 지대, 사막으로 이루어져 있습니다. 해상과 육상 무역의 요충지로 자연 경관도 매우 빼어난 풍요의 땅이었지요. 시리아는 이런 지리적 이점이 있음에도 불구하고 번성과는 정반대의 길을 걷게 됩니다.

1970년 11월 국방부 장관이었던 하페즈 알 아사드가 쿠데타를 일으켜 1971년 3월 대통령으로 집권하고, 2000년 심장마비로 사망하기 전까지 무려 30년 동안 장기 집권을 합니다. 이후 아들 바샤르가

중동의 비옥한 초승달 지대

정권을 받아서 독재 정치를 이어 나가지요.

처음 정권을 잡은 아들 바샤르 대통령은 정치범을 석방하고, 언론 통제를 완화하는 등 '다마스쿠스의 봄'이라 불리는 개혁 정책을 펼치며 공포 정치를 한 아버지(하페즈 알 아사드)와는 다른 모습을 보였습니다. 하지만 이런 개혁 정책은 그리 오래가지 않았습니다. 바샤르 정권은 이내 본 모습을 보이며 군대와 비밀경찰을 통해 자유를 통제하고 억압하여 국민의 삶을 더욱 빈곤하게 합니다. 2011년 마침내 독재 정권에 맞서 민중이 봉기하기 시작합니다. 이후 정권과 반군 사이에 무력 항쟁이 벌어지면서 내전으로 이어집니다.

영화 〈사마에게〉는 시리아 내전의 중심에 있는 도시 알레포를 배경으로 합니다. 알레포는 반군들이 모인 요충지로 정부군의 공격을 가장 심하게 받은 지역입니다. 남편 함자는 정부군의 공습으로 폐허가 된 건물에서 부상자를 치료하는 임시 병원을 마련하고 폭격으로 다친 사람들을 치료합니다. 아내 와드는 시리아 내전의 참담한 현실을 국내외로 알리고자 카메라로 영상 기록을 남기며, 남편과 함께 국제 사회에 지원을 요청하지요. 이들에게는 이제 막 태어난 딸 사마가 있습니다.

와드는 딸 사마에게 노래를 불러 주고 있습니다. 이때 멀리서 폭격 소리가 들립니다. 공습이 시작된 것입니다. 누군가 와드에게 다급하게 지하로 내려가라고 말합니다. 우왕좌왕한 사이에 폭탄이 떨어지고 병원 건물까지 하얀 연기가 에워쌉니다. 잠시 후 부상자들이 병원으로 실려 옵니다.

다큐멘터리 영화인 〈사마에게〉는 시리아 내전이 일어나기 시작한 시점인 2011년에서 2016년까지, 정부군이 알레포를 함락하기 직전까지의 상황을 담았습니다. 정부군이 반군의 거점 도시인 알레포를 에워싸면서 상황은 더욱 나쁘게 흘러갑니다. 계속되는 폭격과 화학 무기의 사용으로 더 많은 사람이 다치거나 죽고, 투쟁하는 사람 중 일부는 알레포를 떠납니다. 전쟁은 곧 도시의 기능을 마비시킵니다. 도시가 마비되면 사회가 제 기능을 하지 못하기 때문에 의료 시스템 역시 제대로 운영되지 못합니다.

정부군에 의해 알레포가 함락되기 직전에 함자는 사람들에게 이곳

을 떠나야 한다고 설득합니다. 함자와 와드는 환자와 주민들이 안전
하게 대피하도록 도우며, 가장 마지막에 딸 사마와 함께 그곳을 탈출
합니다.

'아랍의 봄',
민주화의 깃발이 피로 얼룩지다

시리아 내전이 일어난 배경에는 튀니지에서 시작된 독재 정권에
맞서는 시위운동인 '아랍의 봄'이 있습니다. 중동 전역으로 시위운동

이 번지면서 2011년 3월, 시리아 정권을 비판하는 낙서를 한 10대 학생들이 체포되어 구금되고, 4월 말 시위에 참여한 만 13세 소년이 죽는 일이 발생하지요. 이 사실을 유튜브로 전 세계에 알린 사람이 바로 함자였습니다.

정부가 학생들에게 한 가혹 행위에 분노한 시민들이 독재 정권에 대한 불만을 터트리며 정권 퇴진을 요구하는 시위대를 결성하자 바샤르 정권은 이에 강경 대응을 합니다. 이런 정부의 태도에 반기를 든 정부 군인들 중 일부 군사들이 군을 이탈해 반군 연합체인 자유 시리아 반군을 조직하면서 본격적인 내전으로 확대됩니다. 이렇듯 시리아 내전은 독재 정권에 맞서 민주주의를 열망하는 반군 세력(자유 시리아군)이 바샤르 정권의 퇴진을 요구하며 시작되었습니다.

시리아 내전, 전 세계의 대리전쟁이 되다!

시간이 지나면서 시리아 내전의 양상이 바뀌게 됩니다. 시리아인의 대다수(68%)가 믿는 종교가 이슬람교 수니파고, 14% 정도의 시리아인들은 믿는 종교는 시아파랍니다. 시아파의 분파로 알라위파가 있는데 1970년에 집권했던 하페즈 대통령이 바로 알라위파였어요. 하페즈 대통령이 집권하면서 알라위파는 전성기를 맞이하게 됩니다. 알리위파의 종교적인 뿌리인 이슬람 시아파 세력만이 고위층에 오를 수 있었으며, 정부 요직과 군을 장악했지요. 이로 인해 대다수의 시리아인은 상대적 박탈감을 느꼈고, 불평등한 사회 구조에 맞서면서 수니파 세력과 시아파 세력 간의 종교 전쟁으로 내전의 흐름이 바뀝니다.

여기에 외세 개입까지 이어집니다. 주변 인접국과 서구 세력들은 각 종파 또는 정치, 경제적 이해관계에 따라 정부군과 반군(자유 시리아군)을 각각 지원해 주었습니다. 정부군은 아사드 정권과 오랜 우방 국가인 러시아와 시아파 세력의 종주국인 이란에 지원을 받았고, 반군은 아사드 정권과 적대적인 관계에 있는 미국 등 서방 국가와 수니파 종주국인 사우디아라비아가 지원을 해주었지요. 이런 외세의 개입과 지원을 통해 시리아는 경제가 마비된 상태에서도 전쟁을 진행할 수 있었고, 시리아의 내전은 외세 세력에 의해 내전의 양상이 달라지게 됩니다.

2014년 수니파 무장 조직 단체인 이라크 레반트 이슬람국가(ISIL)가 시리아와 이라크에서 세력을 급격히 넓히며 전 세계에 테러의 공포를 안겨 주었습니다. 국제 사회는 '테러'라는 공공의 적을 막기 위해 연대를 합니다. 미국의 주도로 ISIL를 물리치고자 국제 동맹군이 조직되어 시리아전에 참전하게 되고, 국제 동맹군은 ISIL을 격퇴하기 위해 북부의 시리아 쿠르드와 손을 잡습니다. 한편 터키는 쿠르드족이 세력을 확장하는 것을 경계하기 때문에 미국과 쿠르드의 협력에 반발하며 시리아를 지원합니다. 또 인접국인 이스라엘은 이란을 경계하기 때문에 이란이 시리아 정부를 지원하는 것이 이스라엘의 안보에 위협이 된다고 보고 수시로 시리아를 공격합니다.

결국, 시리아 내전은 내부 종족·종파 갈등과 수니파의 무장 조직인 ISIL, 이해관계에 따른 외세 개입으로 전쟁 양상이 복잡해지면서 세계 전쟁의 축소판이자 대리전쟁이 되었습니다.

10년이 넘도록 이어진 시리아 내전, 평범한 일상이 사라지다

시리아 내전 감시 단체인 시리아 인권관측소에 따르면 10년에 걸친 내전으로 2019년까지 38만 7천 명이 희생되었고 인구의 절반이 넘는 1,200만 명이 난민이 되었다고 보고했지만, 사망자의 수를 최대 59만 명까지 예측하는 보고도 있어 정확한 사망자의 수는 확인하기 어려운 상황입니다. 유엔 역시 2015년부터는 시리아 전쟁의 희생자를 집계하는 걸 포기했습니다.

중동 내전은 종교 문제가 중심이 되고, 이 종교는 지역을 기반으로 합니다. 지역 특성상 인종과 종족 문제도 같이 거론되지요. 시리아 내전 역시 지역과 연결되어 있습니다. 북쪽에 있는 알레포는 반군의 거점이고, 남쪽에 다마스쿠스는 알라위파 즉 지배층의 거점 지역입니다. 2011년~2012년 내전에는 다마스쿠스가 거의 포위될 정도로 반군의 힘이 강해서 아사드 정권의 국무총리까지 투항할 정도였습니다.

다급해진 시리아 정부군은 민간 지역(병원, 학교, 주택 등)에 무차별 폭격을 가해 수많은 사상자가 생겨나지요. 2012년부터 2016년까지 알레포에서 치러진 공방전은 정부군과 반군이 가장 치열하게 싸운

시리아 도시 라카가 파괴된 모습   © Mahmoud Bali (VOA)

전투로, 영화 〈사마에게〉의 주요 내용이기도 합니다.

이 시기에 시리아 정부군이 알레포 공방전에 많이 사용한 무기 가운데 배럴 폭탄이 있습니다. 바로 독가스, 인화성이 있는 강력한 물질을 기름통이나 드럼통에 담은 폭탄이지요. 정부군이 이 폭탄을 반군 밀집 지역에 무차별로 발포해 517명의 사망자가 나왔다고 보고되었습니다. 유엔 보고서에 의하면 시리아 내전에서 이런 화학 무기가 38차례나 사용되었고, 이 중 32번은 시리아 정부군이 사용했습니다. 2013년에는 화학 무기 공격으로 무려 1400여 명이 사망한 것으로 알려졌습니다.

〈사마에게〉는 저널리스트이자 영화 감독인 와드 알-카팁이 어린 딸 사마와 세상 사람들에게 시리아의 참상을 알리기 위해 기록한 다큐멘터리 영화입니다. 이 영화를 보면 21세기 최악의 인도적 재난이라고 일컫는 '시리아 내전'에서도 생명은 탄생하고 있고 그들 역시 우리처럼 평범한 일상을 살던 사람들임을 알 수 있습니다.

전쟁으로 인해 내가 살던 집, 마을이 무너지고, 부서지고, 함께 살아가던 이웃이, 사랑하는 이들이 죽어 가는 모습을 눈앞에서 지켜봐야만 했습니다. 영화 〈사마에게〉는 매 순간 죽음이 담겨 있습니다. 함께 자던 동생이 폭탄을 맞아 죽었지만, 그 어린 동생을 안고 병원을 뛰어온 어린 형은 눈물조차 흘리지 못합니다. 사랑하는 이의 죽음 앞에 아무것도 할 수 없다는 무력감이 감정을 억누르기 때문이죠. 가까운 사람들의 죽음을 목격하면서도 슬퍼할 틈도 없이 언젠가 나도 이들처럼 죽을 거라는 공포감을 느끼며 살아갑니다.

이 영화를 보며 여러분이 전쟁으로 인해 얼마나 무고한 생명이 죽어 나가는지, 그리고 그 속에서 인간으로서 누려야 할 기본적인 권리가 어떻게 박탈되는지, 이 문제를 해결하기 위해 무엇을 할 수 있을지에 대해 생각해 보았으면 합니다.

전쟁이 일어나면 인간의 존엄성을 보장하는 인권이나 생명권이 평상시처럼 보장되기가 어렵습니다. 그러므로 나라를 운영하는 사람들, 대통령, 관료, 군인, 경찰은 인권에 대한 감수성을 키우기 위해 더욱 노력해야 합니다. 우리도 사람들이 마땅히 누려야 할 권리에 대해 생각해 보고, 관심을 가져야 합니다. 그럴 때 비로소 우리 주변에서 일어나는 문제들을 발견할 수 있답니다.

모든 인간은 태어날 때부터 양도할 수 없는 권리인 인권을 부여받았습니다. 따라서 국적이나 계급, 환경이나 성별로 사람을 차별해서는 안 될 것입니다. 인권은 어느 나라 사람들이건 동등하게 인정해야 하며, 그것은 지켜져야 할 약속입니다. 세계 곳곳에서 일어나는 인간으로서 당연히 가지는 기본적 권리가 침해되는 상황에 대해 생각해 보고, 우리가 사람답게 살아가기 위해 무엇을 해야 할지 진지하게 고민해야 합니다.

함께 토론해 보아요!

1. 갑자기 우리나라에 내전이 일어난다면 어떤 상황이 발생할지 생각해 보고, 생존을 위해 다른 나라를 떠나야 한다면 무엇을 가지고 갈지 의논해 봅시다.

2. 전 세계 전쟁의 축소판(대리전쟁)인 시리아 내전이 종식되려면 시리아 정부와 시리아 사람들이 무엇을, 어떻게 하면 좋을까요?

3. 인권에 대한 민감성을 높이는 데 필요한 것은 무엇이라고 생각하나요?

공포가 난민 아이들을
집어삼키다
< 체념 증후군의 기록 >

▶

생명의 위협을 받는 상황에서 아이들은 부모의 손에 이끌려 안전한 나라로 떠납니다. 낯선 땅 위에서 잠을 자기도 하고, 며칠씩 굶기도 하면서 걷고 또 걸어 국경을 넘습니다.

조금 더 안전한 나라로 가기 위해 오른 보트에는 사람들이 빼곡하게 타 있습니다. 보트에는 마실 물과 먹을 음식도 없고, 때로는 바다에서 풍랑을 만나기도 하고, 설상가상으로 보트에 기름까지 떨어져 바다 위를 표류하다 죽는 일도 생깁니다.

이런 힘든 상황을 다 이겨 내고 무사히 목적지에 도착했다면 어떤 마음이 들까요? 이제는 안전한 곳에 도착했다는 사실에 안도감과 기쁨을 느낄 것입니다. 하지만 그 힘겨운 여정 끝에 도착한 나라가 문을 굳게 닫고 우리를 외면한다면, 어떤 마음이 들까요?

여러분은 미국의 9·11 테러를 알고 있나요? 이 테러를 주도한 세력으로 사우디아라비아 출신의 오사마 빈 라덴과 그가 이끄는 알카에다가 지목되면서, 당시 부시 정부는 그들의 은신처인 아프가니스탄에 침공하여 테러와의 전쟁을 치렀습니다. 이 전쟁은 무려 18년 동안 이어졌고 2020년 2월 29일 미국이 탈레반과 평화 협정을 맺으며 마무리가 되었지요.

탈레반은 1997년 정권을 장악해 2001년 미국과 전쟁을 치르며 축출되기 전까지 아프간을 통치했습니다. 탈레반은 극단적 이슬람 근본주의 정책으로 부정부패를 청산하는 숙청 작업과 언론 탄압, 종교의 자유를 억압하고 여성을 탄압하는 정책을 펼쳐 아프가니스탄을 통치하는 동안에도 세계로부터 강한 비판을 받았답니다.

2021년 미국이 아프가니스탄에서 철수하자 탈레반이 수도 카불을 함락하면서, 또다시 아프가니스탄의 비극이 시작됩니다. 모든 권력을 손에 쥔 탈레반은 국민을 탄압하기 시작했고 그동안 다른 나라와 협력했던 사람들을 '외세 결탁자'라 부르며 그들을 처형했지요.

그동안 우리나라와 함께 일했던 아프가니스탄인들도 목숨이 위태로운 상황에 놓이게 됩니다. 우리나라는 이들을 구출하기 위해 '미라클 작전'을 펼칩니다. 일반적으로 다른 나라 사람을 그 나라의 협조 없이 구해낸다는 것은 많은 제약과 위험 요소가 있어 작전이 실패할 가능성도 큽니다. 또, 작전에 참여한 자국민인 군인도 희생될 수 있어 작전을 실행하는 데 많은 부담이 뒤따르죠. 하지만 우리나라는 작전명과 같이, 기적처럼 우리와 함께 일했던 아프가니스탄인들과 그들의 가족 378명을 성공적으로 구출합니다.

하지만 이들이 한국에 정착하는 과정은 순탄치만은 않았답니다. 지역 사회에서 이슬람 문화에 대한 혐오로 함께 살아가는 것을 반대하는 시선이 있기 때문입니다. 2018년 예멘 출신 난민들이 제주도에 입국했을 때 뜨겁게 일던 난민 반대 여론이 떠오르기도 합니다.

영화 〈체념 증후군의 기록〉은 난민 신청 과정에서 입국을 거부당한 난민 가정의 아이들이 혼수상태에 빠진 이야기를 담고 있습니다. 이 영화를 통해 난민들이 경험하는 정신적인 고통과 공포가 아이들에게 어떤 영향을 미치는가에 대해 살펴보고자 합니다. 또 지구 공동체로서 우리의 이웃인 난민들과 함께 잘 살아가기 위해 우리에게 필요한 게 무엇인지도 생각해 볼게요.

 ## 공포가 난민 아이들에게 미치는 영향

체념 증후군은 2003년에서 2005년 사이에 스웨덴, 호주 등의 나라로 간 난민 아이들에게서 처음 나타난 증상입니다. 체념 증후군을 앓는 아이들은 오랜 시간 불안정한 난민 생활을 하면서 자신을 지키기 위해 자발적인 혼수상태(무반응)가 됩니다. 이 증상은 외부 자극에 반응이 없는 상태로 마치 잠을 자는 것처럼 보이는데 짧게는 수개월에서 길게는 수년간 이어집니다. 이 증후군이 세상에 처음 알려졌을 때는 가족 중 누군가가 아이들에게 독을 투여한 것은 아닐까 하는 의심도 있었습니다. 하지만 이런 사례가 수백 건에 이르고, 실제로 죽는 아이들이 생기면서 질병으로 인정을 받게 되었지요.

　영화는 체념 증후군을 앓고 있는 세 아이 레일라, 카렌, 다리아의 이야기를 담습니다. 레일라는 11개월, 카렌 6개월, 다리아는 5개월간 혼수상태(무반응)입니다. 세 아이 모두 난민 신청이 거부된 이후 증상이 나타났습니다. 아이들을 진료하는 의사는 난민 아이들이 트라우마를 경험한 뒤 이를 회복하려면 안정적인 상황이 되어야 하는데, 다시 추방되어 불안정한 상황으로 돌아가야 한다는 사실이 아이들을 점령한 것이라고 말합니다. 영화의 원제목인 'Life Overtakes Me(삶이 나를 점령했다)'처럼 말이지요.

　의사는 이 증후군에 빠진 아이들이 주변 상황이 너무나 끔찍하기에 자신을 보호하기 위해 백설 공주처럼 가만히 누워 있는 것이며, 이 아이들의 상황이 나아지면 잠에서 깨어나 다시 활기차게 살 수 있다고 이야기합니다.

　이 의사의 말처럼 영화에서 유일하게 깨어난 다리아는 서서히 회복되면서 예전의 건강한 모습을 되찾습니다. 가족의 망명 신청이 승인된 이후, 다리아의 가족을 무겁게 짓눌렀던 추방의 공포가 사라지자 다리아의 상태가 조금씩 나아져 여러 달이 지난 후 비로소 깨어난 것이지요. 이 증후군의 회복 조건은 바로 희망입니다. 증후군에 빠진 아이들은 비록 의식이 없는 상태이지만 희망의 기운이 그들을 잠에서 깨어나게 합니다.

난민들이 경험하는 정신적인 문제들

2015년 전 세계를 충격과 슬픔에 빠트린 사진이 있었습니다. 그리스로 가는 난민 보트가 난파되면서 그 배에 타고 있던 세 살배기 아이 '아일란 쿠르디'가 파도에 떠밀려 터키 해변에서 사망한 채 발견됩니다. 아일란 쿠르디가 탄 고무보트에는 당시 보트 수용 인원의 두 배가 넘는 사람들이 타고 있었습니다. 배가 난파되면서 쿠르디의 엄마와 형까지 모두 죽고 말았지요. 쿠르디 가족은 시리아 내전을 피해 터키로 이주했지만 힘든 생활을 해야만 했어요. 유럽으로 가면 지금보다 조금은 나은 생활을 할 수 있으리라는 생각에 그리스로 향했지만 그들의 여정은 비극으로 끝납니다.

아일란 쿠르디의 가족처럼 보트를 타고 새로운 터전을 찾아 떠나는 난민을 선상 난민(Boat People)이라고 합니다. 열악하기 짝이 없는 작은 보트에 정원보다 훨씬 많은 인원을 태우기 때문에 사고의 위험성이 매우 높습니다. 더 많은 사람을 태우기 위해 마실 물이나 먹을 음식도 배에 싣지 못합니다. 항해하는 도중에 병에 걸리는 사람들도 있고, 파도와 폭풍우로 배가 난파되거나 해적을 만나기도 합니다. 또 지중해 한가운데서 선장이 난민들만 두고 달아나 난민들은 구조될 때까지 망망대해에서 표류하다 죽음에 이르기도 하죠. 이렇게 숱

한 위험과 죽음의 공포를 무릅쓰고 난민들은 살기 위해 보트에 오릅니다.

생존을 위협하는 극단적인 공포를 경험한 난민들은 과연 어떤 심리 상태일까요? 국제 사회가 난민 지원을 처음 시작할 때에는 난민들의 생존에 필요한 식량과 식수, 위생, 물자, 보건, 주거 시설 등 물리적인 지원에 초점을 두었습니다. 그러다 난민들이 겪는 극심한 정신적인 문제들이 개인뿐만 아니라 가족의 문제로 확대되고, 집단생활에도 심각한 문제가 될 수 있음을 발견합니다.

난민들은 생존을 위협받는 잔혹한 경험으로 인해 끔찍한 트라우마를 경험하게 됩니다. 이로 인해 불안, 심한 분노, 수면장애, 자살 충동, 주의력 결핍, 두통, 기억 혼란 등과 같은 신체 증상을 보입니다.

특히 아이들의 경우 전쟁의 참혹함이나 직간접적인 폭력, 가족이나 친구를 잃는 경험, 고국을 탈출하는 과정에서 부모와 떨어지거나 사고 등을 겪으면서 정신적 고통을 더 심각하게 겪습니다. 대개 먹지 못하거나 자지 못하고, 분리 불안 같은 퇴행 행동이나 죄책감, 미래에 대한 불안감과 공포, 문제 행동(소리를 지르거나 울거나 물건을 부수기 등)이나 과잉 행동을 보입니다. 청소년의 경우 약물 남용, 범죄, 폭력 등으로 표출되기도 하죠.

아이들은 부모에게서 정서적 지지나 공감, 헌신적인 돌봄을 받을 때 심리적으로 회복됩니다. 그러나 난민의 경우 부모 역시 감당하기 어려운 트라우마를 겪어서 아이들을 돌보는 데 한계가 있어 제대로 된 돌봄을 하기 어렵지요.

2013년 다마스쿠스 집을
버리고 떠난 시리아 난민

ⓒ H. Murdock, VOA

2017년 유엔난민기구(UNHCR)에 의하면 여러 가지 이유로 고향을 떠나야 했던 사람들의 수가 6,850만 명에 달하며 이 중 만 18세 미만 아이들은 전체 난민의 51%를 차지합니다. 난민 아이들이 성인보다 더 취약한 환경에서 어려움을 겪을 가능성이 더욱 크며, 자신의 지위에 관한 결정도 성인 보호자에 의존할 수밖에 없습니다. 하지만 보호자 역시 불안정한 체류 자격과 낮은 경제 수준, 사회적 차별을 받고 있어 아이들을 제대로 보호하기 어렵습니다.

아이들은 성장 시기에 따라 다양한 생물학적 욕구와 심리·사회적 욕구를 채워 가야 합니다. 그런데 난민 아동의 경우, 발달 시기에 따른 욕구를 제대로 충족할 수 없습니다. 이런 욕구들이 충족되지 못하면 아이들의 성장은 물론, 어른이 된 이후에도 사회 적응이나 정신적인 면에서 문제가 될 위험이 큽니다. 이에 유엔난민기구(UNHCR)와 NGO 단체들은 난민 아이들이 새로운 도시나 국가에 잘 정착할 수 있도록 물자 지원뿐만 아니라 정신 건강 및 심리적인 지원도 하고 있지요.

영국이 유럽연합을 탈퇴한 이유와 지구 공동체

2020년 1월 영국이 유럽연합(EU)을 탈퇴합니다. 이것을 '브렉시트(Brexit)'라고 하는데, 영국을 뜻하는 브리튼(britain)과 탈퇴를 뜻하는 엑시트(exit)를 합쳐 만든 말이지요. 브렉시트는 2016년 6월에 국민투표로 결정됩니다. 영국은 세계 5위의 경제 대국이며, 유럽연합에서 막강한 힘을 가진 나라입니다. 이런 영국이 유럽과의 자유로운 교류를 멈추고 잠재적인 불이익을 감수하면서 이민자를 통제해 자국의 이익을 우선하는 결정을 내린 것이지요.

유럽연합(EU)는 유럽에 있는 27개의 회원국이 정치적, 경제적인 통합을 이루고자 조직되었습니다. 회원국 자체에 적용되는 표준화된 법을 통해 회원국 간에는 국경을 자유롭게 오가며 여행하거나 일을 구할 수 있습니다.

영국이 브렉시트를 선택하게 된 배경에는 이민자 문제가 있습니다. 2000년대 이후 영국은 경기 침체와 긴축 재정으로 경제적인 어려움을 겪었습니다. 이런 상황에서 이민 및 이주자들이 늘어나자 이들을 위한 복지 지출이 늘어나고, 이들이 영국에서 일자리를 구해 정착하면서 내국인들과 일자리 경쟁이 심해졌지요.

특히 2008년 세계 경제 위기로 촉발된 경기 침체로 인해 2010년 그리스가 유럽연합과 국제통화기금(IMF)에 구제 금융을 신청합니다. 남유럽 소규모 국가들도 재정 위기를 겪게 되면서 스페인, 이탈리아 등 유로존('유로'를 공식 통화로 쓰는 국가 지역)의 중심 국가까지 서유럽으로 이주하는 일이 더 늘어나게 되었지요.

이런 상황에서 2010년 말부터 시리아, 이라크, 예멘, 리비아에서 경제적, 정치적인 이유로 난민들이 크게 늘자 영국은 유럽연합에 대

부다페스트 기차역의 시리아 난민

©Rebecca Harms from Wendland, Germany
출처: 플리커

한 회의감이 높아졌습니다. 유럽연합에 세 번째로 많은 분담금을 내지만 내는 비용만큼 자국에 이익이 없다는 생각이 강해졌지요. 그 결과, 영국은 자국의 이익을 위해 지구 공동체로서 연대를 멈추기로 한 것이지요.

유럽연합 탈퇴에 대한 찬반 투표에서 영국인의 52%는 찬성을, 48%를 반대를 했습니다. 4% 차이로 영국의 유럽연합 탈퇴가 결정되었지만, 이 투표 결과에는 난민 수용을 위한 해결 방법이 숨어 있습니다. 유럽연합에 남는 걸 찬성한 이들은 청년 세대가 중장년층보다 압도적으로 높았으며, 청년 세대에서도 여성의 찬성 비율이 높았습니다. 또 다양한 인종이 모여 사는 지역, 세계 시민 교육을 학교 교육 과정이나 일상생활에서 접한 적이 있는 집단일수록 탈퇴를 반대했지요.

이것은 이주민들의 문화적 차이와 다양성을 인식하는 경험이 많을수록 이주민에 대한 긴장감과 거부감이 적다는 결과를 보여 줍니다. 즉 문화적 차이와 다양성을 인식하는 경험들이 이주민을 수용하는 데 긍정적인 역할을 하는 것이지요. 문화적 차이와 다양성을 경험하려면 서로를 알아가고, 이해하는 시간이 필요합니다. 이를 위해서는 다양한 인종, 종교, 문화적 배경을 가진 이주민과 일상에서 함께 어울리고 서로 다른 부분을 인정하며 신뢰를 쌓아 가는 것이 무엇보다 중요합니다.

지구 공동체로서 우리는 한 개인을 어떤 이유로도(인종, 종교, 민족, 출신 지역, 경제력, 외모 등) 차별하지 않고, 다양성을 존중하며, 모든 이들의 인권을 보장하고 함께 평화, 번영을 누려야 합니다. 우리가 함께한다는 인식이 있어야 전쟁도 막을 수 있습니다. 지금도 배타적이고 차별적인 생각으로 인해 세계 곳곳에서 전쟁이 일어나고 있습니다.

2022년 2월 24일 러시아가 우크라이나를 침공하자 644만 명 이상의 우크라이나인들은 피난민이 되어 조국을 떠나야 했습니다. 이웃 국가들은 정부 차원에서 이들을 적극적으로 수용했을 뿐 아니라 그 나라의 국민 역시 자발적으로 우크라이나인들에게 숙소와 음식을 제공했습니다.

폴란드는 우크라이나 난민 370만 명을 받아들였고, 난민들에게 1년 6개월간 기본적인 복지 서비스와 노동의 기회를 주어 그들이 삶을 이어 갈 수 있도록 지원하고 있습니다. 독일 정부도 우크라이나인들이 망명을 신청하지 않아도 3년간 독일 내 거주를 허용하고, 기본적인 생활을 할 수 있도록 재정을 지원해 주며, 적절한 직업도 구할 수 있도록 돕고 있습니다. 유럽연합(EU)의 회원국은 우크라이나 난민들을 보호하기 위해 최소 1년간 임시 보호소를 제공하고, 일정 수준 이상의 주거와 의료 및 교육 서비스를 지원하는 제도적인 기준을 제시했습니다. 이런 따뜻한 환대는 이 시대를 함께 사는 지구 공동체로서 어렵고 힘든 시간을 보내고 있는 그들의 아픔을 이해하고, 고통을 분담하고자 하는 마음의 표현입니다.

난민이라고 하면 마치 먼 나라의 일처럼 느껴지고, 나와는 상관없으며 적어도 내게는 일어나지 않을 일이라고 생각될지도 모릅니다. 난민들도 자신이 난민이 될 거라고는 생각해 본 적이 없었을 거예요. 지금은 난민이 되어 불안정한 생활을 하고 있지만, 그들도 가족들과 웃으며 저녁을 먹고, 따뜻한 이불에서 잠이 드는 일상을 누리던 사람들입니다. 우리의 이웃인 그들이 평범한 일상을 찾을 수 있도록 난민 문제에 관심을 가지며, 함께 해결하려는 세계 시민 의식이 필요합니다.

함께 토론해 보아요!

1. 유럽에서는 난민 수용 문제로 인해 많은 논란이 있습니다. 여러분은 난민 수용에 대해 어떻게 생각하나요?

2. 여러분 만약 난민이라면 낯선 나라에서 이주민으로 적응할 때 어떤 어려움이 예상되나요? 그렇다면 난민들이 잘 정착하기 위해 무엇을 도와주면 좋을까요?

3. 세계에는 다양한 언어, 종족, 종교, 문화가 공존합니다. 서로 달라 오해하거나 편견이 있을 수 있습니다. 그렇다면 내가 가진 오해나 편견은 무엇이 있을까요?

PART 06

사회적 책임을
아는

기업이
살아남는다

최근 들어 전 세계적으로 ESG에 대한 관심이 높습니다. ESG란 환경 (Environment), 사회(Social), 지배 구조(Governance)를 뜻하는 말입니다. 과거에는 이익과 성과에만 집중했던 기업들이 앞으로의 지속 가능하고 책임 있는 경영을 위해 ESG 요소들을 중요하게 생각하는 겁니다. 다시 말해, 현재는 기업들이 법을 잘 지키고, 윤리적인 경영을 하고, 노동 인권을 존중하고, 환경을 생각하고, 소비자를 위하고, 지역 사회와 발전에 기여하는 등의 사회적 책임 또한 중요해진 것이죠.

이 장에서는 영화를 통해 환경, 착한 소비, 공정 무역, 윤리 경영에 대해 이야기해 보려 합니다. 그동안은 이런 주제에 대해 큰 관심을 갖지 않았을 수도 있고, 당장은 나와 상관없이 기업들이 관심을 갖고 책임을 져야 하는 일이라고 생각했을 수도 있습니다.

하지만 왜 우리가 ESG와 친해져야 하는지, 비단 기업이나 정부, 국가의 일이 아니라도 우리가 당장 실천할 수 있는 일은 무엇인지를 아는 것도 중요합니다. 이를 알고, 하나씩 실천하는 것이야말로 우리가 사는 지구를 지속 가능하게 하는 힘이자 세계 시민 의식을 향상시키는 출발점이 되기 때문입니다.

우리가 살고 있는 지구의 모든 것들은 무한하지 않습니다. 우리가 어쩔 수 없다고 생각하던 것들, 당연히 여기던 것들에 대한 인식을 이제 바꿔야만 합니다. ESG에 대한 책임감이 있는 기업들을 선별하고 그렇지 않은 기업에 대한 문제의식을 가질 수 있는 세계 시민이 되길 바라며, 마지막 장의 이야기를 시작합니다.

기업이 환경을
생각해야 하는 이유

< 에린 브로코비치 >

파타고니아, 러쉬, 플리츠마마, 프라이탁 등. 많은 사람들에게, 특히 MZ 세대에게 각광받고 있는 이 브랜드들을 아시나요? 이들의 공통점은 바로 친환경 브랜드라는 것입니다. 고객들은 이제 제품을 살 때 가격을 고려하기도 하지만 그 제품을 만드는 기업이 어떤 가치를 지향하는지, 환경에 어떤 영향을 미치는지도 살펴봅니다. 고객들의 변화에 발맞춰 기업들도 ESG에 힘을 쏟고 있습니다. 왜 이익을 추구하는 집단인 기업에게 어떤 가치를 추구하는지를 살피고, 환경에 대한 태도나 정의와 같은 윤리적인 면모를 요구하는 걸까요?

영화 〈에린 브로코비치〉를 통해 왜 개인이 기업에게 이런 가치를 요구해야 하는지, 기업이 그런 가치를 놓칠 때 어떤 일들이 벌어지는지를 함께 알아보고자 합니다.

2, 6, 8, 16……. 바로 에린을 나타낼 수 있는 숫자예요. 두 번의 이혼 경력 그리고 2개월 된 막내딸, 6살의 둘째, 8살의 첫째, 그리고 16달러의 통장 잔고가 있는 여자입니다. 에린은 일자리를 구하기 위해 면접을 보고 나오던 중 사고가 났고, 이를 해결하기 위해 찾아간 곳에서 변호사 에드를 만납니다. 아이들을 책임질 수 있는 가장 역할을 하기 위해 무작정 일을 시켜 달라고 하는 에린에게 에드는 자기 사무실의 장부 정리부터 지시하는데요. 에린은 서류를 정리하다가 젠슨 부부의 부동산 무료 상담 서류에서 이상한 의학 기록들을 발견합니다. 심상치 않은 내용임을 감지한 에린은 이에 대해 더 조사해보겠다고 에드에게 이야기하지요.

에린은 힝클리로 찾아가 마을 사람들을 만나며 '크롬 성분'에 대한 이야기를 처음 듣게 됩니다. 크롬의 종류와 사용 양에 따라 질병을 유발할 수 있다는 사실도 알게 되지요. 이에 흥미를 느낀 에린은 조사를 하면서 마을에 있는 대기업 PG&E의 공장에서 버려지는 폐수 안에 있는 크롬 성분이 마을 사람들을 병들게 하고 있다는 것을 발견합니다. 주민들은 이에 대해 제대로 알지 못하고 마을이 안전하다고 생각하지요. 게다가 PG&E 기업은 질병에 걸린 주민들에게는 의료비를 지원하고 의사까지 고용하며 사람들에게 괜찮다고만 할 뿐이지 진실을 말하진 않습니다.

무엇이 알려지는 게 두려웠던 걸까요? 주민들이 이 심각한 상황을 알아차리지 못하게 하고자 기업은 대신에 대규모 주택 매입을 추진하고 집값을 높게 책정해 지불한다는 조건만 이야기하며 사실을 은폐하기에 급급해 보입니다.

힝클리에서 사용하는 크롬 종류를 알아내기 위해 수도국에 방문한 에린은 충격적인 사실을 발견합니다. 바로 공공 기관인 수도국과 대기업 PG&E 사이의 긴밀한 유착 관계이지요. 이 유착 관계 때문에 수도국은 PG&E가 기업의 입장에서는 할 수 없는 일인 '물의 정화 및 폐기 명령'을 내릴 수 있게 내버려두었습니다. 그 결과, 물에서 사람들에게 치명적인 수치인 6가 크롬이 검출됐다는 서류를 증거로 확인합니다.

본격적으로 이 사건을 파헤치기 시작한 에린과 에드는 마을 사람들에게 PG&E와 싸워 제대로 된 보상을 받겠다는 동의서를 얻고 법원에 제출합니다. 판사의 결정으로 에린과 에드 그리고 힝클리 주민들은 PG&E를 상대로 소송을 진행할 수 있게 되었습니다. 처음에 PG&E 본사에서는 힝클리에 운영하는 공장에서 크롬 성분이 유출되

실제 인물 에린 브로코비치

© Eva Rinaldi
출처: 위키미디어 커먼스

었다는 사실을 알지 못했다며 발뺌하는데요. 돈을 이용해 마치 없던 일처럼 무마시키려는 기업의 처사에 그들에게 정의가 있는지, 추구하는 가치란 무엇인지를 묻고 싶습니다.

힝클리 주민 대 PG&E의 사건은 미국 역사상 유래가 없던 최대 규모로 보상 액수를 기록했습니다. PG&E는 모든 공장에 중크롬을 사용하지 않고, 오염 물질에 대한 조치를 취하겠다는 공식 입장을 밝혔습니다. 그 후 에린과 에드는 PG&E 대 케틀먼 공장 건을 포함해 7건의 소송을 맡으면서 영화는 끝이 납니다. 1992년에 있었던 실제 사건을 바탕으로 만들어진 이 영화는 왜 기업의 정의와 환경적 가치가 중요한지를 여실히 보여 줍니다.

윤리 의식 없이 이익만 추구하는 기업이 얼마나 큰 만행을 저지를 가능성이 있는지, 이를 인정하려 들지 않는지를 생생하게 알 수 있지요. 아직도 이와 유사한 일들을 일어나고, 피해를 입은 사람들도 많이 있습니다. 더 이상 기업의 욕심과 거짓말로 아파하는 사람이 없기를 바라봅니다.

기업이 환경 보존을 위해
노력해야 하는 이유

    환경 오염 문제는 우리의 삶에 가까이, 그리고 깊숙이 자리하고 있습니다. 이미 많은 전문가들이 오래전부터 심각성을 이야기해 왔으나 우리는 직접 피부로 느끼기 전까지는 좀처럼 와닿지 않습니다. 하지만 우리가 수도꼭지를 돌리면 나오는 물에 독성이 들어 있다면 어떨까요? 그것은 우리의 생존과도 직결된 문제가 됩니다. 그 오염의 배후에 기업이 있다면요? 그것은 우리 사회를 뒷받침하는 많은 시스템을 다시 살피고 바꾸어야 하는 문제가 됩니다. 기업이 거대할수록 그 기업이 장악한 시스템을 바꾸기란 결코 쉽지 않지요. 더욱이 개인이 그것을 하기는 무척 어렵습니다. 이런 이유에서 영화 속 주인공 에린이 더욱 대단하게 느껴집니다. 에린은 홀로 고군분투하며 대기업을 상대했기 때문입니다. 거대한 힘과 권력을 지닌 기업의 구조나 시스템을 고발하고 바꾸어 나간다는 것은 절대로 쉬운 일이 아니니까요.

    요즘은 그래도 환경 오염에 대한 심각성을 느끼고 환경을 위해 많은 사람들이 노력하고 있습니다. 자동차 대신 자전거를 이용하거나 플라스틱이나 일회용품을 쓰지 않으려고 노력하지요. 이러한 변화에 기업들도 함께하고 있습니다. 마트에서는 비닐 봉투 제공을 금지하고, 카페에서는 종이 빨대를 쓰고 텀블러 사용을 권장합니다. 친환경 소재로 제품을 만들기도 하고요. 영화에서처럼 환경 오염을 저지르고 이를 은폐하려 드는 행동에 대해 사람들은 가만히 있지 않습니다. 주도적으로 불매 운동을 하고, 이를 고발하기 위해 콘텐츠를 만들고, 모두 각자의 자리에서 경고의 메시지를 보냅니다.

영화 〈에린 브로코비치〉는 실제 변호사 사무소 직원이었던 에린이라는 인물을 중심으로 대기업 PG&E가 숨기려 했던 만행을 파헤칩니다. 우리나라에서도 비슷한 사건이 있었습니다. 1990년대 모 대기업의 페놀 유출 사건이 있었고, 이로 인해 피해자가 속출했습니다. 이 사건은 해당 기업의 전국적인 불매 운동으로 퍼졌고, 악덕 재벌을 규탄하는 거리 행진도 이어졌다고 합니다. 윤리 의식 없이 환경을 파괴하며 이뤄 내는 성장은 아무 의미가 없습니다. 환경이 파괴되면 인간이 살아가는 터전이 무너집니다. 결국 지구에 사는 누구에게도 득이 되지 않고, 더 큰 해가 되기 때문입니다. 그럼에도 많은 기업들이 눈앞의 성장에만 급급해 환경을 파괴합니다.

최근 경기도 광역환경관리사업소가 시화반월산단 내 금속 가공업체 100여 곳을 대상으로 특별 점검을 실시한 결과, 기준 법을 위반한 사업장이 36곳이나 되었습니다. 이 업체들은 발암 물질 등이 함유된 폐수를 무단으로 방류했습니다. 이들이 폐수를 끊임없이 방류했다면 어떤 일이 벌어졌을까요? 환경 오염은 물론이고 많은 생물들이 죽고 악취와 원인을 알 수 없는 질병들로 사람들이 고통받았을 것입니다. 그렇게 삶의 터전을 잃게 되겠지요.

기업의 경영 활동은 이렇게 개인의 삶과 연결되어 있습니다. 기업이 온실가스, 에너지 및 자원 등을 투명하게 공개하는 행위들은 중요합니다. 제품과 서비스를 생산하고 판매하는 일련의 모든 과정에서 기업은 환경에 영향을 미칠 수밖에 없습니다. 그 양과 정도가 개인이 미치는 영향력에 비교했을 때 훨씬 더 크기 때문에 최대한 친환경적인, 그래서 환경 오염을 최소로 하는 경영 전략이 필요한 것입니다.

환경을 지키기 위한
국내외 기업들의 움직임

세계적인 기업들은 2050년이 되기 전까지 필요한 전력을 모두 태양광이나 풍력 등 재생 에너지로 만들어야 합니다. 이것은 '넷 제로(net zero)' 즉 탄소의 배출량과 탄소의 흡수량을 같게 해서 탄소 순 배출량이 0이 되게끔 하겠다는 약속 때문인데요. 이 약속은 RE100 캠페인(Renewable Electricity 100, 기업이 사용하는 전력 100%를 재생 에너지로 충당하겠다는 캠페인)으로 이어졌습니다. 주로 미국과 유럽의 기업들이 주도하지요.

우리가 잘 아는 '애플'사는 2030년까지 아이폰, 아이패드, 맥, 에어팟 등을 생산하는 과정에서 탄소를 배출하지 않겠다고 선언했습니다. 더불어 협력 업체도 동참할 것을 독려했죠. 우리나라 기업 SK하이닉스도 애플에 메모리 반도체를 공급하고 있습니다. SK하이닉스는 애플에 공급하는 모든 부품을 친환경 방식으로 생산한다는 내용의 협약을 체결했지요. ESG 성과 지표, 다른 말로 비재무적 성과 지표(기업의 사회·환경적 활동까지 고려하여 기업의 성과를 측정하는 기업 성과 지표)라고 하는데요. 기업이 투자를 받을 때 이 ESG 성과 지표가 큰 영향을 끼치기 때문에 기업들은 RE100 캠페인에 적극적으로 참여하고 있습니다.

우리나라의 기업들도 이런 흐름에 맞춰 나가고 있습니다. 현대자동차그룹 제네시스는 2035년까지 탄소 중립(탄소 배출량을 0으로 만드는 것)을 이루겠다고 선언했습니다. 2025년부터 모든 신차를 배터리형이나 수소 전기차로만 출시하고 2030년에는 친환경 차량만 판매해 탄소 중립을 달성하겠다고 발표했습니다.

네이버의 경우, 넷제로를 넘어서 '2040 카본 네거티브' 계획으로 탄소의 배출량보다 흡수량을 높여 데이터센터를 친환경적으로 관리하겠다고 밝혔습니다. 우리가 사용하는 데이터들을 관리하는 데이터센터에서는 많은 전력을 소모하기 때문입니다. 앞으로 더욱더 많은 산업군과 기업에서 ESG를 위한 방안들이 늘어나기를 바랍니다.

함께 토론해 보아요!

1. 우리가 평소에 환경과 사회적 책임을 위해 할 수 있는 일은 무엇이 있을까요?

2. 기업의 비윤리적인 모습 때문에 불매 운동 등을 해본 경험이 있나요?

3. 'ESG 경영'을 잘 실천하고 있는 기업을, 혹은 관련 사례에 대해 이야기해 봅시다.

생명을 존중하는 기업을
선택하는 사람들이 많아진다면

< 목자 >

▶

반려동물 인구 1,500만 명 시대입니다. 동물을 가족처럼 생각하고, 사랑하는 사람들이 많아졌지만 여전히 공장식 축산 시스템(생산비를 낮추고 가격 경쟁력을 높이기 위해 가축을 좁은 장소에 모아 기르는 축산 방식), 동물 실험과 같은 동물권을 존중하지 않는 일들도 일어납니다. 이러한 현실을 바꾸고자 윤리적인 소비를 지향하는 소비자 운동도 늘고 있습니다.

윤리적 소비란 인간, 동물, 환경에 해를 끼치는 상품을 사지 않고, 공정 무역을 거친 상품(개발 도상국 생산자가 만드는 상품으로, 생산자에게 유리한 무역 조건을 제공하여 경제적 자립과 지속적인 발전이 가능하게끔 함)을 구입하는 것을 뜻합니다. 상품이나 서비스를 구매하면서 사회에 어떤 영향을 미치는지 생각하고 윤리적인 판단으로 소비하는 것을 말하죠. 그렇기 때문에 가격이 더 비싸고 구매 과정이나 배송 내용이 조금 불편하거나 까다로울 수 있습니다. 그럼에도 윤리적인 소비를 택하는 사람들은 늘어나고 있습니다.

 ## 내 친구를 먹지 말아 주세요!

영화의 주인공, 강원도 산골 소녀 '미자'와 돼지 '옥자'는 함께한 세월이 10년이 되는 가장 친한 친구이자 소중한 가족입니다. 미자는 자기보다 몇 배나 큰 옥자를 무서워하지 않아요. 어느 날, 글로벌 기업 '미란도' 사람들과 취재진이 찾아와 옥자를 데려갑니다. 사실 옥자는 미란도 기업의 실험실에 있던 새끼 돼지 중 한 마리였고, 총 26마리였던 새끼 돼지들은 전 세계의 우수하기로 소문난 축산 농민 26명에게 전달되어 길러졌던 것이죠. 그리고 10년이 지나자 다시 그 끔찍한 실험실로 끌려가게 된 것입니다.

이후 미자는 옥자를 구하기 위한 프로젝트를 실행합니다. 옥자를 구하기 위해 미란도 코리아, 중앙쇼핑센터 등을 종횡무진하며 의도치 않게 기물 파손 등을 하게 되면서 이 장면이 뉴스로 방송됩니다. 한편 이 내용을 뉴스로 본 미국의 미란도 본사는 비상사태입니다. 이것을 교묘하게 해결하기 위해 미란도의 CEO 루시는 옥자와 미자가 미국에서 감동스럽게 재회하는 장면을 연출하고자 합니다. 그렇게 미자는 미국으로 초대됩니다.

한편 미국에 먼저 도착한 옥자와 옥자의 몸에 카메라를 설치해 놓은 동물 보호 단체 ALF는 옥자가 어디로 이동하는지, 무슨 일이 일어나고 있는지 실시간으로 관찰합니다. 옥자는 미치광이 조니 월콕스 박사가 있는 끔찍한 실험실로 옮겨지고, 계속해서 상황을 보던 ALF는 옥자가 강제로 교배당하는 비참한 모습까지 목격합니다. 그들은 정말로 옥자에게 이런 일이 생길 줄 모르고 있었을까요?

다음 날, 미란도 회사에서 의도적인 장면을 만들기 위한 '슈퍼 돼지 콘테스트'가 열립니다. 드디어 옥자와 미자가 재회하지요. 미자는 옥자가 좋아했던 감을 가져왔지만 옥자는 굉장히 공격적이고 예민한 상태이죠. 바로 그때 ALF는 CEO 루시와 미란도가 벌인 끔찍한 일을 만천하에 알릴 영상을 공개합니다. 행사에 모인 사람들은 경악했고, 돼지들을 풀어 달라며 한 목소리를 내기 시작합니다.

미란도 회사의 악행을 알게 된 미자는 도축될 위기에 처한 옥자를 발견하고 제발 멈춰 달라며 옥자와 다정하게 찍은 사진을 보여 주고

호소합니다. 그리고 황금돼지를 건네며 옥자를 살아 있는 채로 구입하겠다고 합니다. 그 황금돼지는 옥자가 끌려갈 당시에 할아버지가 옥자 대신으로 생각하라고 미자에게 주신 거였지요. 다행히 옥자는 풀려나지만 남아 있는 슈퍼 돼지들을 보며 그곳을 나가는 미자의 발걸음은 무겁기만 합니다. 영화는 다시 평화롭던 강원도 산골 마을에서 옥자가 하는 말을 미자가 알아듣는 것처럼 교감하는 장면으로 끝이 납니다. 아마 옥자는 미자에게 이곳이 정말 좋다고, 나를 다시 데려와 줘서 고맙다고 이야기하지 않았을까요?

기업이 생명을
상품으로 취급하지 않는다면

거리에서나 공원에서 정말 많은 반려동물들을 만나 볼 수 있습니다. 자연스럽게 동물권에 대한 관심도 높아졌지요. 동물권은 인권을 확장한 개념이며 동물 역시 인권과 비슷한 생명권을 지니며 고통을 피하고 학대당하지 않을 권리 등이 있음을 말합니다. 이 동물권을 지키기 위해 동물에게 유해한 소비는 하지 않으려는 경향도 늘고 있지요. 이렇게 동물에게 무해한 상품을 구입하려는 움직임이 커진 데에는 실제 상품을 만드는 과정에서 학대당하는 동물들이 많기 때문입니다. 영화 속 옥자와 미자의 스토리는 자본주의 사회와 거대 기업이 동물들에게 얼마나 포악한 행동을 저지르는지 잘 보여 줍니다.

우리가 평소 구매하는 상품들은 대부분 동물과 환경에 악영향을

📌 공장형 축산의 돼지 사육장

출처: 미국 환경보호국(US EPA) / 위키미디어 커먼스

미칩니다. 더 많은 우유를 만들기 위해 강제로 착유를 당하는 젖소, 인기 많은 루왁 커피를 만들기 위해 억지로 커피 열매를 먹으며 열악한 환경에서 생존하는 사향고양이, 화장품을 개발하기 위한 실험 대상이 되는 동물 등 수없이 많은 사례들이 있습니다.

겨울 필수품 '패딩'은 오리나 거위 등 동물의 털을 재료로 씁니다. 롱패딩의 경우 한 벌에 15~25마리의 거위털이 들어간다고 해요. 그 털을 얻는 과정이 정말 끔찍한데요. 살아 있는 상태에서 동물의 털을 뽑습니다. '라이브 플러킹(Live Plucking)'이라고도 하지요. 그러다 살점이 떨어지면 마취도 없이 바늘로 꿰맨다고 하니 그 고통을 상상조차 할 수 없을 것 같아요. 그렇게 희생된 오리와 거위들도 분명 따뜻한 온기가 있는 생명입니다. 집에서 식구처럼 키우는 반려동물처럼 말이에요.

이와 같은 일들은 기업이 그저 더 큰 이익을 얻는 것만 중시했기 때문에 일어난 일입니다. 만일 동물을 하나의 생명체로 보았다면 이런 만행이 일어나지는 않았겠지요. 그렇기 때문에 우리는 더욱 기업의 윤리성을 중요하게 보고, 윤리적 소비를 지향해야 할 것입니다.

윤리적 소비를 위해 제품이 RDS(Responsible Down Standard) 인증을 받았는지 확인하는 것도 한 방법입니다. '책임 있는 다운 기준'을 뜻하는데 윤리적인 방법으로 생산한 제품을 인증하는 마크입니다. 화장품도 동물성 원료를 사용하지 않거나 동물 실험을 실행하지 않은 제품을 구매하는 것으로 윤리적 소비를 실천할 수 있습니다.

 ## 동물권 보호를 고민하는 기업들

동물권을 보호하기 위해 노력하는 브랜드가 있습니다. 대표적으로 비건 패션 브랜드인 '비건 타이거'입니다. 여느 패션 브랜드처럼 니트 스웨터, 모피 코트, 가죽 재킷을 판매하지만 동물성 소재는 하나도 쓰이지 않았습니다. 비건 타이거에서 그동안 가장 많이 팔린 옷은 식물성 소재로 만들어진 로브(무릎 길이의 느슨한 가운)라고 하는데요. 원래 로브 소재로 실크가 많이 쓰이지만 누에고치 1천 개를 희생하는 대신 레이온(인조실크)을 사용해 제작합니다. 이 외에도 모피나 가죽을 대신하는 에코 퍼 등의 인공 소재, 동물성 재료의 대체재로 만든 옷들도 충분히 아름답고 멋있다는 인식을 전파하고 있습니다.

세계적인 패션 위크에서도 쇼에 모피로 만든 의류를 올릴 수 없게 되었습니다. 또 동물 착취 없이 지속 가능한 삶을 고민하는 패션 브랜드 '낫아워스', 세상과 공존하며 아름다운 삶을 만들어 가는 비건 패션 브랜드 '마르헨제이', 한원물산에서 만든 식물성 한지 가죽 '하운지' 등 착한 패션을 지향하는 브랜드들은 점점 많아지고 있습니다.

또 비건 레스토랑도 점차 늘고 있어요. 이러한 흐름에 국내 대기업들도 동참하고 있죠. 편의점 CU에서는 비건 도시락을, 현대그린푸드는 비건 식빵·마요네즈·마시멜로를 출시해 높은 매출을 달성하기도 했습니다. CJ 제일제당은 채식 전문 브랜드인 '플랜테이블'을 출시했고 풀무원의 '플랜튜드', 농심의 '포리스트 키친'은 각 기업에서 운영하는 비건 레스토랑입니다. 그 외에도 식물성 고기를 개발하는 '지구인컴퍼니', 순식물성 대체 식품을 개발하는 '더플랜잇' 등 많은 기업들이 비건을 지향하는 소비자들의 이목을 끌고 있습니다.

함께 토론해 보아요!

1. 비건에 대해 알고 있나요? 어떻게 생각하나요?

2. 슈퍼 돼지 '옥자'를 만들어 낸 것처럼, 기업형 축산을 대체하기 위한 방법은 무엇이 있을까요?

3. 동물 보호를 위해 내가 당장 실천할 수 있는 일은 무엇일까요?

대량 생산, 자유 무역이
과연 정답일까?

< 허니랜드 >

▶

공정 무역은 생산자의 노동에 정당한 대가를 지불하고 소비자에게는 질 좋고 신뢰할 만한 제품을 주고자 노력하는 무역 거래를 말해요. 생산자와 소비자 간 직거래를 해서 생산자에게 정당한 가격을 지불합니다. 공정 무역은 생산자와 소비자가 모두 만족하는 거래라는 의미에서 '착한 소비'라고도 불리지요.

왜 이런 공정 무역이란 말이 탄생했을까요? 그것은 자유 무역을 하는 과정에서 불공정한 상황이 자주 일어나기 때문입니다. 기본적으로 나라 간 물건을 매매할 때는 불공정한 무역 행위를 규제하고 동등한 입장에서 교역을 해야 해요. 하지만 대부분의 현실은 그렇지 않지요. 노동력이 값싼 나라에서 물건을 대량으로 만들어 내고, 그 노동에 대한 대가를 충분히 치르지 않아요. 많이 판 물건으로 얻은 이익은 기업이나 유통하는 회사들이 주로 차지합니다. 그렇다 보니 생

🔨 과테말라의 한 공정 무역 조합에서
커피 열매의 과육을 채취하고 분류하는 노동자들

© Quadell 출처: 위키미디어 커먼스

산자나 노동자들은 일을 많이 하면서도 계속해서 가난해지게 됩니다. 열악한 환경에서 일하다 보니 제품의 질도 떨어지고요.

공정 무역은 이러한 배경에서 시작되었습니다. 바로 노동자는 일한 만큼 정당한 대가와 권리를 누리며 노동 가치도 보호해 주고, 소비자는 다소 비싼 가격이어도 정당하게 값을 지불하면서 도덕적 만족감을 얻을 수 있지요. 공정 무역은 다국적 기업이 노동에 대한 정당한 보상을 지불하지 않는다는 인식이 나타난 1950년대부터 미국과 유럽을 중심으로 시작되었습니다. 기업들이 무시한 노동의 가치를 정당하게 인정해 주고 제 3세계 국가들(제2차 세계 대전 이후에 제국주의의 식민지, 반식민지적 지배에서 해방된 아시아·아프리카·라틴 아메리카 3대륙의 신생국 그룹)과 같은 저개발 국가들이 지속 가능한 발전을 이루도록 돕자는 취지에서 펼쳐졌지요.

대표적인 제품으로는 커피, 초콜릿, 설탕, 수공예품 등이 있습니다. 자유 무역과 달리 공정 무역은 경제적으로 소외된 계층에게 기회를 제공하고, 제품을 만드는 과정을 투명하게 공개해 소비자에게 신뢰를 줍니다. 또한 공정한 가격을 지불하며, 성 평등과 건강한 노동 환경을 이루고, 친환경 등을 원칙으로 합니다.

 ## 벌들과 삶을 지키기 위한 그녀의 외침

주인공 아티제는 마케도니아 외딴 산골 마을에서 강아지 재키와 고양이들, 팔순의 노모를 모시며 살고 있습니다. 아티제의 주된 생계 수단은 양봉입니다. 시장에 꿀을 판 돈으로 먹을 음식도 사고, 필요한 물건들을 구입해요. 그녀에게 벌은 삶을 지탱해 주는 매개체이면서 의지할 곳 없는 아티제의 둘도 없는 친구이지요.

그러던 어느 날, 일곱 아이들을 둔 부부가 소 150마리와 함께 옆집으로 이사를 왔습니다. 외롭게 지내던 아티제에게도 이웃이 생겼지요. 하지만 아티제와 이 부부는 이웃을 생각하는 마음이 서로 달라 보입니다. 아티제가 양봉하는 걸 보고 남편은 양봉을 해보고 싶다고 이야기합니다. 아티제는 친절하게 방법을 알려 주지요.

　다음 날 부부는 바로 벌을 대량으로 들여옵니다. 아티제는 자신의 벌들을 공격할 것 같아 너무 많지 않은 수의 벌로 양봉을 시작할 것을 권하죠. 양봉을 어떻게 해야 하는지 직접 알려 주기도 합니다. 하지만 부부는 아티제의 말을 듣지 않고 눈앞에 이익만 생각해 양봉을 크게 시작합니다. 제발 벌이 이 구역으로 오지 못하게 해달라는 아티제의 간곡한 부탁에도 부부는 여기가 우리 집이라며 적반하장으로 대하지요. 결국 부부는 아티제의 벌을 다 죽게 만들고, 병든 소들의 떼죽음으로 일곱 아이들과 부부는 마을을 떠납니다. 따스한 온기를 나누던 노모마저 죽음을 맞이하며 아티제는 정말 혼자가 됩니다.

　뭐든 대량으로 빨리 많이 만들어 내는 것이 과연 정답인 걸까요? 아티제의 말대로 조금씩 천천히 원래 있던 환경에 적응해 가면서 만

들어 낼 수는 없었던 걸까요? 만일 환경을 존중하며 최대한 자연스
럽게 벌들을 키워 냈다면 어땠을까요? 자본주의와 멈추지 않는 욕심
들, 대량 생산만이 정답이 아니라 상생을 추구할 때 우리가 살고 있
는 이 세상은 더 가치 있지 않을까요?

공정 무역의 핵심은
빈곤, 노동, 성 평등 문제의 해결

우리가 천 원짜리 초콜릿을 살 때, 카카오 농부에게 돌아가는 수입
은 얼마일까요? 고작 50원이라고 합니다. 그렇다면 나머지 수익은
누가 가져가는 걸까요? 초콜릿 제조 회사와 판매업체들입니다. 세계
초콜릿 시장 점유를 보면 6개의 거대 다국적 기업들이 시장을 지배합
니다. 이 기업들에게 높은 수익이 가도록 한 무역업체들과 함께 초콜
릿을 판매한 이윤의 70%를 가져가는 것이죠. 카카오를 직접 생산하
는 농부들보다 14배나 차이 나는 이익을 챙기는 것입니다.

초콜릿의 주원료 카카오는 코트디부아르, 가나, 나이지리아 등 아
프리카 지역에서 많이 납니다. 이곳에서 카카오 열매를 따는 일은 주
로 아이들이 합니다. 카카오 농장에서 일하는 아이들은 많은 시간 동
안 혹독하게 일하고도 임금을 제대로 받지 못합니다. 밤에는 혹시나
아이들이 도망칠까 봐 가두기도 합니다. 이 아이들은 열매를 따고 작
업하는 과정에서 위험한 도구를 사용하면서도 제대로 된 보호 장비
하나 없이 일합니다. 대부분 학교에 다니지 못하고 14세 미만인 아이

들이 절반 이상이나 되지요. 힘들게 카카오 열매를 따지만, 대부분의 아이들은 평생 초콜릿을 먹어 볼 기회조차 없습니다.

또다른 공정 무역 제품인 커피를 볼까요? 관세청에 따르면 우리나라의 2020년 커피 수입량은 17만 6648톤, 수입액은 7억 3780만 달러(약 8700억 원)로 최대치를 기록했습니다. 한국인은 1인당 연간 커피를 353잔 마시는데 이것은 세계 평균 소비량의 3배에 달해요. 과연 우리가 마시는 커피는 커피나무 몇 그루에서 수확되는 걸까요?

커피도 거대 다국적 기업들이 산업을 지배합니다. 커피 열매를 따고, 과육을 제거한 후 커피콩을 뽑아내 세척한 뒤 건조시키는 작업까지. 이 모든 과정은 여성들이 80% 이상 해냅니다. 여성들은 커피를 생산하는 데 막대한 노동을 하며 가사 노동까지 도맡지만 임금을 거의 받지 못할 뿐 아니라 산업 내 의사 결정에서 소외되는 경우가 많습니다. 공정 무역 생산자 조직과 협동조합에서조차 여성이 발언권을 갖고 회의나 의사 결정에 참여하는 경우는 많지 않습니다.

다행히 이 같은 상황을 중단시키기 위해 아시아 첫 여성 커피협동조합 '코코와가요'가 만들어졌습니다. 코코와가요는 커피 농업을 통해 여성이 얻는 수익을 키우고 경제 활동력을 향상시키며 궁극적으로 여성과 그 가족들의 삶이 좋아지는 것을 목표로 합니다.

공정 무역의 핵심은 이런 문제들을 해결하는 무역으로 바꾸어 세상을 변화시키는 데에 있습니다. 기부 등으로 생산자들이 도움받는 쪽이 되어 거래에서 수동적인 위치에 있게 하는 것이 아니라, 직접 좋은 물건을 생산해내고 정당한 대가를 받는 방식으로 접근해 생산자가 적극적인 거래 당사자로 행동하게끔 하는 것입니다.

절대 빈곤을 심각하게 만드는 데는 물 부족에 따른 농촌의 붕괴와, '글로벌 기업의 식량 체제'가 있습니다. 거대 자본이 대부분 식량을 공급하며 이익을 가져가는 글로벌 식량 체제가 등장한 것입니다. 그렇다면 공정 무역에서 해결하려는 문제에 대해 기업들은 어떤 노력을 하고 있을까요?

공정 무역을 위해
기업이 함께 움직인다면

한국에서 공정 무역은 다른 국가에 비해 조금 늦은 2000년대에 몇몇 단체를 중심으로 시작되었습니다. 아름다운커피, 아시아공정 무역네트워크, 아이쿱생협, 피티쿱, 페어트레이드코리아 등 국내 주요 공정 무역 단체 12곳이 모여 2012년 한국공정무역협의회(KFTO)를 설립했으며 회원사들의 매출액은 매해 늘고 있습니다.

우리나라에서도 살 수 있는 프랑스 베자의 운동화는 공정 무역을 통해 거래되는 목화를 이용하여 생산합니다. 브라질 세아라 주 타우아 지역의 농부들은 오랜 시간 목화를 재배해 왔는데 농사에 치명적인 병충해를 입어 농약을 엄청나게 뿌려야 했습니다. 점점 늘어나는 농약 값을 감당하기 어려웠던 농민들은 노력 끝에 농약을 쓰지 않고 환경에도 좋은 친환경 농업으로 바꾸었지요. 그 후 우수한 품질의 목화를 생산할 수 있게 됩니다.

그러나 이렇게 유기농 목화를 생산해도 판매할 곳이 없었어요. 이때 '베자'라는 회사가 나타난 것입니다. 베자는 생산자들에게 정당한 가격을 지불해 면을 사는 것은 물론이고 자연을 훼손하지 않는 기술로 신발을 제작합니다. 그 결과, 점점 많은 지역에서 유기농 목화를 생산하고 있으며 어려운 현실로 고향을 떠나려던 젊은이들이 영농 수업을 받아 정착하고 있습니다.

이처럼 기업이 공정 무역에 참여하면 생산자들은 정당한 대가와 대우를 받으며 적극적인 생산자가 될 수 있어요. 또한 기업은 더 많은 사람들에게 상품을 제공하며 지속 가능한 경영을 하게 되고, 소비자들은 친환경 상품을 구매할 수 있는 선순환 구조를 만들어 냅니다.

현실적으로 이윤 추구가 주된 목적인 큰 기업들이 공정 무역에 참여하기가 쉽지는 않을 거예요. 하지만 미국에서 2000년 공정 무역 운동가들의 항의 시위로 스타벅스 매장에서 공정 무역 커피가 팔리게 된 것처럼 앞으로 이런 사례들이 많이 나오기를, 점차 공정 무역이 활발해질 날을 기대해 봅니다.

함께 토론해 보아요!

1. 아티제에게 벌, 양봉은 어떤 의미였을까요?

2. 학교에서 공정 무역을 실천해 볼 수 있는 방법이 있을까요?

3. 기업에서 공정 무역 제품을 어떻게 활용할 수 있을까요?

기업에 윤리 의식이 없으면
일어나는 일들

< 베테랑 >

임원진의 직원을 향한 갑질 횡포 사건, 기업 총수의 운전기사 폭언 및 폭행 사건, 부당해고 사건 등 기업들에서 일어난 비윤리적 사건들은 심심치 않게 발생합니다. 이러한 기업가의 도를 넘어선 행동은 많은 국민들에게 질타를 받았습니다.

기업의 주된 목적이 이익 추구이긴 하나 기업의 사회적 책임 역시 중요한 역할로 떠오르면서 기업 윤리도 지키지 않은 채 성과만 최고로 삼는 기업들은 소비자들의 신뢰를 잃고 있습니다. 최악의 상황으로는 기업이 힘을 잃고 무너질 수도 있겠죠.

기업 윤리란, 사업가들이 지닌 기업이나 노동자에 관한 도덕적 규범이나 규칙을 의미합니다. 기업 윤리가 없을 때 어떤 일이 일어나는지 영화를 통해 알아보려 합니다. 이제부터 기업의 윤리에는 도통 관심이 없는 막무가내 재벌 3세의 이야기를 만나 보겠습니다.

돈으로 죄를 덮으려는
안하무인 재벌 3세 이야기

무엇이든 꽂힌 건 끝까지 파헤치는 행동파 특수 강력 사건 형사 서도철은 굵직한 사건들을 처리하며 임무를 마치고 어느 모임에 초대됩니다. 잔뜩 부푼 마음을 안고 가는 길에 전화가 울리지만 끝내 받지는 못합니다. 그 모임에서 서도철은 재벌 3세 조태오를 만나고 이상한 낌새를 잔뜩 느끼게 됩니다.

한편 비상 회의가 소집되어 회사에 간 조태오는 하청업체에서 입금 체불로 본사에 항의하러 온 배 기사를 보게 됩니다. 경찰에 알려지기 전에 조용히 해결하고자 조태오는 배 기사를 자신의 사무실로 데리고 오라고 지시합니다. 어린 아들과 함께 조태오의 사무실에 간 배 기사는 그곳에서 끔찍한 일을 겪습니다. 조태오가 배 기사를 아들이 보는 앞에서 무참히 폭행한 것이지요.

서도철은 배 기사의 아들이 울면서 건 전화에 당장 병원으로 향하고, 배 기사가 조태오의 회사인 신진물산 계단에서 추락한 채 발견됐다는 이야기를 듣게 됩니다. 병원에 먼저 도착한 경찰들은 배 기사가 투신했다고 전했지만 서도철은 배 기사의 아들과 이야기하다 배 기사가 구타를 당했다는 사실을 알게 됩니다. 경찰들은 사건을 제대로 알아보려 하지 않고, 조태오의 최측근인 최대웅 상무는 배 기사의 가족에게 위로금을 전달하러 병원에 찾아오지요. 그렇게 사건은 흐지부지되는 것 같았습니다.

하지만 서도철 형사가 이 사건을 끝까지 물고 늘어집니다. 이에 조태오와 최대웅 상무는 사건을 덮으려 서도철 형사의 살인 계획까지 세웁니다. 하지만 이 계획은 실패하고 형사 살인 교사 사건으로 최대웅 상무는 자수를 합니다. 최대웅의 자수 역시 신진물산 회장이 지시해서 하게 된 것이지요. 서도철 형사는 최대웅 상무가 범인이 아님을 알아채고 사건을 더 끈질기게 파헤칩니다. 여기에 비정규직으로 근무하다 부당 해고를 당한 직원의 도움까지 합쳐져 조태오의 마약 파티 현장을 덮치게 됩니다. 결국 조태오, 최대웅 상무는 모두 법의 심

판을 받게 되지요.

영화 〈베테랑〉은 돈으로 자신이 저지른 부당 행위를 덮으려 한 재벌 3세가 벌인 만행으로 죄 없는 노동자들이 무참히 짓밟히는 장면들이 나옵니다. 정당하게 일하고 대가를 달라는 당연한 요구를 묵살하고 마음 내키는 대로 사람을 폭행하는 재벌가의 모습에는 아무런 죄의식도 느껴지지 않습니다. 게다가 자신의 잘못을 덮으려고 막대한 돈과 권력을 써서 수단과 방법을 가리지 않는 행동들은 많은 사람들의 분노를 일으킵니다. 기업을 이끄는 이들에게 윤리 의식이 결여되면 얼마나 큰 범죄와 만행이 가능해지는지를 영화는 생생히 보여 줍니다.

 ## 윤리 의식을 갖는다는 것

윤리 의식은 비단 기업을 경영하는 사람만이 가져야 하는 것이 아닙니다. 우리 모두가 갖춰야 할 기본 소양입니다. 윤리는 도덕적으로 지켜야 하는 것, 규범을 지키는 것을 말합니다. 생활 속에서 살펴보면 웃어른 공경하기, 교통 규칙 준수부터 쓰레기를 아무데나 버리지 않는 등 공중도덕과 자연보호 등이 있습니다.

또 사이버 세상인 온라인에서 지켜야 할 사이버 윤리 의식도 있습니다. 익명을 이용해서 타인을 비방하지 않기, 악플을 남기지 않기, 사실이 확인되지 않은 정보들을 유포하지 않기 등이 해당되지요.

그런데 이런 윤리적인 규범들이 실제로 잘 지켜지지 않는 경우가 꽤 많이 있습니다. 사람들이 윤리에 대해 잘 알지 못해서 규범을 지키지 못하는 것은 아닐 겁니다. 대부분 '나 하나쯤이야.' 하는 생각이 크기 때문에 지키지 않거나 '어쩔 수 없는 상황이나 환경'에 처해서 의도치 않게 지키지 않을 수도 있습니다. 하지만 중요한 것은 우리가 의식적으로 이 도덕적 규범에 대해 생각하고 또 실천하기 위해 노력해야 한다는 것입니다.

만약 사람들이 윤리 의식을 갖지 않은 채 생활한다면 어떤 일들이 일어날까요? 늘 싸움과 갈등이 생기고, 서로 의심하며, 사건 사고가 끊이지 않는 세상이 되겠지요. 모두가 혼란스러운 삶을 살게 될 것입니다. 더 무서운 것은 그것이 혼란인지도 알지 못한 채 적응된 삶을 살아갈 수도 있다는 것입니다.

윤리 의식은 우리가 더불어 살기 위해서 필요한 가치와 생각들입니다. 때문에 개개인이 윤리 의식을 갖지 않는다면 우리는 함께 살아가기 어려운 사회가 될 것이고, 그에 따른 문제가 엄청나게 많아질 것입니다. 개개인도 그러한데 거대한 시스템으로 움직이고, 사람들에게 많은 영향력을 끼칠 수 있는 기업에서 윤리 의식 없이 행동한다면 어떨까요?

영화에서는 비정규직 근로자가 다리를 다쳤다는 이유로, 회사가 산재 처리도 해주지 않은 채 이 근로자를 부당 해고를 하는 장면과 하청 업체 직원에게 임금을 제대로 주지 않고 죽음으로 내몬 장면이 나왔습니다. 안타깝게도 현실에서도 영화와 크게 다르지 않은 일들이 일어나고 있습니다.

2022년, 한 공장에서 안전 관리를 소홀히 해 협력 업체 직원이 안타깝게 목숨을 잃었습니다. 작업 중 안전 장비 문제로 머리를 크게 다친 것입니다. 직원은 긴급 수술을 받았지만 수술 도중에 사망하고 말았습니다. 해당 공장은 이 전년도에도 사망 사고와 신체 절단 사고가 일어난 곳입니다. 안전 조치 신호를 감지하지 못했을 리가 없을 텐데 왜 아무런 조치 없이 이런 사고가 일어나도록 내버려 둔 걸까요?

이처럼 기업에서 일하는 노동자들의 대한 갑질이나 괴롭힘, 혹은 과도한 업무를 요구하는 기업에 대해 소비자들은 불매 운동을 하기도 합니다. '저 사람만의 문제가 아니고 나에게도 생길 수 있는 일'이라고 생각하고 기업의 잘못을 바꾸기 위해 많은 사람들이 함께 행동하는 것이지요.

소비자들이 뜻을 모은 몇몇 불매 운동들은 소비자들의 윤리적 신념이나 가치관과 맞물려 있습니다. 과거에는 순전히 제품이나 서비스가 마음에 들지 않아서 기업에 대한 안 좋은 이미지가 생겼다면, 이제는 소비자들이 기업의 윤리적인 면모와 지향점을 보고 판단하는 것입니다.

기업의 청렴에 대해 의문을 제기할 만한 사건들이 그동안 많이 있었습니다. 여기에는 횡령, 내부 정보 유출, 뇌물 제공, 특혜, 차별 등이 있는데요. 이러한 문제를 해결하기 위해서 기업은 윤리적인 경영을 해야 합니다. 윤리 경영은 기업을 경영하는 데 있어 모든 것을 숨김없이 공개할 수 있는 '투명한 경영'을 의미합니다.

보여 주기 식 사회 공헌이 아닌
진짜 사회 공헌

사회적 책임을 느끼고 사회에 공헌하는 활동을 꾸준히 하는 기업들도 있습니다. 하지만 이와 같은 좋은 취지의 활동들이 '기업의 좋은 이미지'만을 위해서 진행되어서는 안 될 것입니다. 실제로 보여 주기 식으로 사회 공헌 활동을 해서 기업과 전혀 상관없는 CSR 활동(Corporate Social Responsibility, 기업의 이해 당사자들이 기업에 요구하는 사회적 책임과 의무들을 충족시키기 위해 하는 활동)을 하는 경우도 있었습니다. 대부분 취약 계층 대상으로, 1회성 단기간으로만 도움을 줄 수 있는 기부나 봉사 활동 형태가 많았지요.

이제는 이 활동을 지원받는 사람들이 정말로 자립해서 앞으로도 잘 살아갈 수 있도록 장기적인 관점에서 사회 공헌 활동을 운영할 필요가 있습니다. 그러려면 여러 회차로 진행되는 프로그램을 만들거나 지역의 인적, 물적 자원을 활용하는 프로그램을 만드는 등 기획 단계부터 장기적으로 지원해 실질적인 해결책을 줄 수 있도록 고민해야 할 것입니다.

기업은 앞으로 성장은 물론 사회 공헌이라는 두 마리의 토끼를 함께 잡는 전략을 고민해야 할 것입니다. 사회 공헌 영역에서 성공의 아이콘이었던 탐스슈즈(TOMS shoes)의 경우 소비자가 신발 1켤레를 사면 1켤레가 제3세계 어린아이에게 기부된다는 전략을 내세웠고,

소비자들에게 큰 사랑을 받으며 높은 성장을 이뤄 냈습니다. 하지만 최근에는 파산 가능성까지 보이며 위기를 맞았습니다. 업계는 탐스슈즈의 위기 요인 중 하나를 수익의 다각화나 제품의 발전과 혁신 없이 '착한 기업, 착한 마음'이라는 이미지에만 의존한 것에서 찾고 있습니다.

할리우드 배우 제시카 알바가 창업을 해서 더 유명해진 기업 어니스트컴퍼니는 친환경 유아용품 브랜드로 무독성 유아용품을 판매합니다. 제품 1개를 구매하면 같은 제품이 영유아 보호 기관에 기부되는, 앞서 본 탐스슈즈와 동일한 전략으로 사회 공헌 활동을 펼쳤지요. 이 회사는 세계 최대 생활용품 기업인 유니레버가 인수를 고려할 만큼 매출이나 기업 가치가 빠르게 성장했습니다. 앞으로도 지금의 성과를 유지하기 위해 더 좋은 제품과 혁신이 필요할 것입니다.

함께 토론해 보아요!

1. 윤리(도덕적 규범)를 지키지 않았던 적이 있나요? 그때 어떤 마음이 들었나요?

2. 윤리 경영을 하지 않는 기업을 향해 불매 운동 외에 어떤 일을 할 수 있을까요?

3. 악덕 행위를 저지르는 기업의 관계자들에 의해 무고한 희생자가 생깁니다. 이들을 보호해 주고 보상할 수 있는 방법은 무엇이 있을까요? 없다면 어떤 제도들이 필요할까요?

십 대를 위한
드라마 속 과학인문학 여행

삶을 그려낸 드라마에 담긴
흥미진진한 과학, 그리고 따뜻한 인문학

최원석 지음 | 252면 | 값 13,800원
2019 올해의 청소년 교양도서
학교도서관저널 추천도서

십 대를 위한
동화 속 젠더 이야기

남자다움, 여자다움에 갇힌
나다움을 찾아 떠나는 동화 속 인문학 여행

정수임 지음 | 248면 | 값 13,000원
2018년 도깨비 책방 선정도서
2019년 세종도서 교양부문
2020 국립어린이청소년도서관 여름방학 추천도서

십 대를 위한
영화 속 과학 인문학 여행

영화가 그려내는 세상의 뜨거운 이슈
그리고 흥미진진한 과학
십 대, 과학 공부를 하러 팝콘 들고
영화관에 가다!

최원석 지음 | 216면 | 값 12,000원
2016 한국출판문화진흥재단 청소년 교양도서
2017 세종도서 상반기 교양도서

십 대를 위한

영화 속
세계 시민 교육
이야기